は　じ　め　に

　技能検定は、労働者の有する技能を一定の基準によって検定し、これを公証する国家検定制度であり、技能に対する社会一般の評価を高め、働く人々の技能と地位の向上を図ることを目的として、職業能力開発促進法に基づいて 1959 年（昭和 34 年）から実施されています。

　当研究会では、1975 年（昭和 50 年）から技能検定試験受検者の学習に資するため、過去に出題された学科試験問題（1・2 級）に解説を付して、「学科試験問題解説集」を発行しております。

　このたびさらに、令和 2・3・4 年度に出題された学科試験問題、ならびに令和 4 年度の実技試験問題を「技能検定試験問題集（正解表付き）」として発行することになりました。

　本問題集が 1 級・2 級の技能士を目指して技能検定試験を受検される多くの方々にご利用いただき、大きな成果が上がることを祈念いたします。

令和 5 年 7 月

一般社団法人 雇用問題研究会

JN007316

目　　次

技能検定の概要

1 技能検定試験の等級区分

技能検定試験は合格に必要な技能の程度を等級ごとに次のとおりに区分しています。

特　　級：検定職種ごとの管理者又は監督者が通常有すべき技能及びこれに関する知識の程度

1　　級：検定職種ごとの上級の技能労働者が通常有すべき技能及びこれに関する知識の程度

2　　級：検定職種ごとの中級の技能労働者が通常有すべき技能及びこれに関する知識の程度

3　　級：検定職種ごとの初級の技能労働者が通常有すべき技能及びこれに関する知識の程度

単一等級：検定職種ごとの上級の技能労働者が通常有すべき技能及びこれに関する知識の程度

※これらの他に外国人実習生等を対象とした基礎級があります。

2 検定試験の基準

技能検定は、実技試験及び学科試験によって行われています。

実技試験は、実際に作業などを行わせて、その技量の程度を検定する試験であり、学科試験は、技能の裏付けとなる知識について行う試験です。

実技試験及び学科試験は、検定職種の等級ごとに、それぞれの試験科目及びその範囲が職業能力開発促進法施行規則により、また、その具体的な細目が厚生労働省人材開発統括官通知により定められています。

(1) 実技試験

実技試験は、実際に作業（物の製作、組立て、調整など）を行わせて試験する、製作等作業試験が中心となっており、検定職種の大部分のものについては、その課題が試験日に先立って公表されています。

試験時間は、1級、2級及び単一等級については原則として5時間以内、3級については3時間以内が標準となっています。

また、検定職種によっては、製作等作業試験の他、実際的な能力を試験するため、次のような判断等試験又は計画立案等作業試験が併用されることがあります。

① 判断等試験

　　判断等試験は、製作等作業試験のみでは技能評価が困難な場合又は検定職種の性格や試験実施技術等の事情により製作等作業試験の実施が困難な場合に用いられるもので、例えば技能者として体得していなければならない基本的な技能について、原材料、模型、写真などを受検者に提示し、判別、判断などを行わせ、その技能を評価する試験です。

② 計画立案等作業試験

　　製作等作業試験、判断等試験の一方又は双方でも技能評価が不足する場合に用いられるもので、現場における実際的、応用的な課題を、表、グラフ、文章などにより設問したものを受検者に提示し、計算、計画立案、予測などを行わせることにより技能の程度を評価する試験です。

(2) 学科試験

　　学科試験は、単に学問的な知識を試験するものではなく、作業の遂行に必要な正しい判断力及び知識の有無を判定することに主眼がおかれています。また、それぞれの等級における試験の概要は次表のとおりです。

　　この中で、真偽法は一つの問題文の正誤を解答する形式であり、五肢択一法及び四肢択一法は一つの問題文について複数の選択肢の中から一つを選択して解答する形式です。

■学科試験の概要

等級区分	試験の形式	問題数	試験時間
特　　級	五肢択一法	50 題	2 時間
1　　級	真偽法及び四肢択一法	50 題	1 時間 40 分
2　　級	真偽法及び四肢択一法	50 題	1 時間 40 分
3　　級	真偽法	30 題	1 時間
単一等級	真偽法及び四肢択一法	50 題	1 時間 40 分

3　技能検定の受検資格

　　技能検定を受検するには、原則として検定職種に関する実務の経験が必要で、その年数は職業訓練歴、学歴等により異なっています（別表 1 参照）。

　　この実務の経験の範囲には、現場での作業のみならず管理、監督、訓練、教育及び研究の業務や訓練又は教育を受けた期間が含まれます。

4 試験の実施日程

技能検定試験は職種ごとに前期、後期に分かれていますが、日程の概要は次のとおりです。

項	前 期	後 期
受付期間	4月上旬～中旬	10月上旬～中旬
実技試験	6月上旬～9月上旬	12月上旬～翌年2月中旬
学科試験	8月下旬～9月上旬の日曜日 3級は7月上旬～中旬の日曜日	翌年1月下旬～2月上旬の日曜日
合格発表	10月上旬、3級は8月下旬	翌年3月中旬

※日程の詳細については都道府県職業能力開発協会（連絡先等は別表2参照）にお問い合わせ下さい。

5 技能検定の実施体制

技能検定は厚生労働大臣が定めた、実施計画に基づいて行うものですが、その実施業務は、厚生労働大臣、都道府県知事、中央職業能力開発協会、都道府県職業能力開発協会等の間で分担されており、受検の受付及び試験の実施については、都道府県職業能力開発協会が行っています。

6 技能検定試験受検手数料

技能検定試験の受検手数料は「実技試験：18,200円」及び「学科試験：3,100円」を標準額として、職種ごとに各都道府県で決定しています（令和5年4月1日現在、都道府県知事が実施する111職種）。

なお、25歳未満の在職者の方は、2級又は3級の実技試験の受検手数料が最大9,000円減額されます。詳しくは都道府県職業能力開発協会にお問い合わせ下さい。

7 技能検定の合格者

技能検定の合格者には、厚生労働大臣名（特級、1級、単一等級）又は都道府県知事名等（2級、3級）の合格証明が交付され、技能士と称することができます。

別表1

技能検定の受検に必要な実務経験年数一覧
（都道府県知事が実施する検定職種）

（単位：年）

受検対象者 (※1)	特級 1級合格後	1級	1級 2級合格後	1級 3級合格後	2級 (※6)	2級 3級合格後	3級 (※6)	基礎級 (※6)	単一等級
実務経験のみ	5	7			2		0 ※7	0 ※7	3
専門高校卒業 ※2／専修学校（大学入学資格付与課程に限る）卒業	5	6			0				1
短大・高専・高校専攻科卒業 ※2／専門職大学前期課程修了／専修学校（大学編入資格付与課程に限る）卒業	5	5			0		0	0	0
大学卒業（専門職大学前期課程修了者を除く） ※2／専修学校（大学院入学資格付与課程に限る）卒業	5	4			0		0	0	0
専修学校又は各種学校卒業（厚生労働大臣が指定したものに限る。）　800時間以上	5	6	2	4	0	0	0 ※8	0 ※8	1
〃　1600時間以上	5	5	2	4	0	0	0 ※8	0 ※8	0
〃　3200時間以上	5	4	2	4	0	0	0 ※8	0 ※8	0
短期課程の普通職業訓練修了 ※4 ※9　700時間以上	5	6	2	4	0	0	0 ※5	0 ※5	0
普通課程の普通職業訓練修了 ※4 ※9　2800時間未満	5	5	2	4	0	0	0	0	0
〃　2800時間以上	5	4	2	4	0	0	0	0	0
専門課程又は特定専門課程の高度職業訓練修了 ※4 ※9	5	3	1	2	0		0	0	0
応用課程又は特定応用課程の高度職業訓練修了 ※9	5	1			0		0	0	0
指導員養成課程の指導員養成訓練修了 ※9	5	1			0		0	0	0
職業訓練指導員免許取得		1	—		0		—	—	0
高度養成課程の指導員養成訓練修了 ※9	0	0	0	0	0		0	0	0

※1：検定職種に関する学科、訓練科又は免許職種に限る。

※2：学校教育法による大学、短期大学又は高等学校と同等以上と認められる外国の学校又は他法令学校を卒業した者並びに独立行政法人大学改革支援・学位授与機構により学士の学位を授与された者は学校教育法に基づくそれぞれのものに準ずる。

※3：大学入学資格付与課程、大学編入資格付与課程及び大学院入学資格付与課程の専修学校を除く。

※4：職業訓練法の一部を改正する法律（昭和53年法律第40号）の施行前に、改正前の職業訓練法に基づく高等訓練課程又は特別高等訓練課程の養成訓練を修了した者は、それぞれ改正後の職業能力開発促進法に基づく普通課程の普通職業訓練又は専門課程の高度職業訓練を修了したものとみなす。また、職業能力開発促進法の一部を改正する法律（平成4年法律第67号）の施行前に、改正前の職業能力開発促進法に基づく専門課程の養成訓練を修了した者は、専門課程の高度職業訓練を修了したものとみなし、改正前の職業能力開発促進法に基づく普通課程の養成訓練又は職業転換課程の能力再開発訓練（いずれも800時間以上のものに限る。）を修了した者はそれぞれ改正後の職業能力開発促進法に基づく普通課程の普通職業訓練又は短期課程の普通職業訓練を修了したものとみなす。

※5：総訓練時間が700時間未満のものを含む。

※6：3級（前期又は後期の期間にかかわらず随時実施するものは除く。）の技能検定については、上記のほか、検定職種に関する学科に在学する者及び検定職種に関する訓練科において職業訓練を受けている者等も受検できる。また、工業高等学校に在学する者であって、かつ、工業高等学校の教員等による検定職種に係る講習を受講し、当該講習の責任者から技能検定試験受検に際して安全衛生上の問題等がないと判定されたものも受検できる。また、基礎級の技能検定については技能実習生のみが、3級（前期又は後期の期間にかかわらず随時実施するものに限る。）は基礎級（旧基礎1級及び基礎2級を含む）に合格した者のみが、2級（前期又は後期の期間にかかわらず随時実施するものに限る。）は基礎級（旧基礎1級及び基礎2級を含む）及び当該検定職種に係る3級の実技試験に合格した者のみが、受検できる。

※7：検定職種に関し実務の経験を有する者について、受検資格を認めることとする。

※8：当該学校が厚生労働大臣の指定を受けたものであるか否かに関わらず、受検資格を付与する。

※9：職業能力開発促進法第92条に規定する職業訓練又は指導員訓練に準ずる訓練の修了者においても、修了した職業訓練又は指導員訓練の訓練課程に応じ、受検資格を付与する。

別表2　　都道府県及び中央職業能力開発協会所在地一覧

（令和5年4月現在）

協　会　名	郵便番号	所　在　地	電話番号
北海道職業能力開発協会	003-0005	札幌市白石区東札幌5条1-1-2　北海道立職業能力開発支援センター内	011-825-2386
青森県職業能力開発協会	030-0122	青森市大字野尻字今田43-1　青森県立青森高等技術専門校内	017-738-5561
岩手県職業能力開発協会	028-3615	紫波郡矢巾町大字南矢幅10-3-1　岩手県立産業技術短期大学校内	019-613-4620
宮城県職業能力開発協会	981-0916	仙台市青葉区青葉町16-1	022-271-9917
秋田県職業能力開発協会	010-1601	秋田市向浜1-2-1　秋田県職業訓練センター内	018-862-3510
山形県職業能力開発協会	990-2473	山形市松栄2-2-1	023-644-8562
福島県職業能力開発協会	960-8043	福島市中町8-2　福島県自治会館5階	024-525-8681
茨城県職業能力開発協会	310-0005	水戸市水府町864-4　茨城県職業人材育成センター内	029-221-8647
栃木県職業能力開発協会	320-0032	宇都宮市昭和1-3-10　栃木県庁舎西別館	028-643-7002
群馬県職業能力開発協会	372-0801	伊勢崎市宮子町1211-1	0270-23-7761
埼玉県職業能力開発協会	330-0074	さいたま市浦和区北浦和5-6-5　埼玉県浦和合同庁舎5階	048-829-2802
千葉県職業能力開発協会	261-0026	千葉市美浜区幕張西4-1-10	043-296-1150
東京都職業能力開発協会	101-8527	千代田区神田1-1-5　東京都産業労働局神田庁舎5階	03-6631-6052
神奈川県職業能力開発協会	231-0026	横浜市中区寿町1-4　かながわ労働プラザ6階	045-633-5419
新潟県職業能力開発協会	950-0965	新潟市中央区新光町15-2　新潟県公社総合ビル4階	025-283-2155
富山県職業能力開発協会	930-0094	富山市安住町7-18　安住町第一生命ビル2階	076-432-9887
石川県職業能力開発協会	920-0862	金沢市芳斉1-15-15　石川県職業能力開発プラザ3階	076-262-9020
福井県職業能力開発協会	910-0003	福井市松本3-16-10　福井県職員会館ビル4階	0776-27-6360
山梨県職業能力開発協会	400-0055	甲府市大津町2130-2	055-243-4916
長野県職業能力開発協会	380-0836	長野市大字南長野県町688-2　長野県婦人会館3階	026-234-9050
岐阜県職業能力開発協会	509-0109	各務原市テクノプラザ1-18　岐阜県人材開発支援センター内	058-260-8686
静岡県職業能力開発協会	424-0881	静岡市清水区楠160	054-345-9377
愛知県職業能力開発協会	451-0035	名古屋市西区浅間2-3-14　愛知県職業訓練会館内	052-524-2034
三重県職業能力開発協会	514-0004	津市栄町1-954　三重県栄町庁舎4階	059-228-2732
滋賀県職業能力開発協会	520-0865	大津市南郷5-2-14	077-533-0850
京都府職業能力開発協会	612-8416	京都市伏見区竹田流池町121-3　京都府立京都高等技術専門校2階	075-642-5075
大阪府職業能力開発協会	550-0011	大阪市西区阿波座2-1-1　大阪本町西第一ビルディング6階	06-6534-7510
兵庫県職業能力開発協会	650-0011	神戸市中央区下山手通6-3-30　兵庫勤労福祉センター1階	078-371-2091
奈良県職業能力開発協会	630-8213	奈良市登大路町38-1　奈良県中小企業会館2階	0742-24-4127
和歌山県職業能力開発協会	640-8272	和歌山市砂山南3-3-38　和歌山技能センター内	073-425-4555
鳥取県職業能力開発協会	680-0845	鳥取市富安2-159　久本ビル5階	0857-22-3494
島根県職業能力開発協会	690-0048	松江市西嫁島1-4-5　SPビル2階	0852-23-1755
岡山県職業能力開発協会	700-0824	岡山市北区内山下2-3-10　アマノビル3階	086-225-1547
広島県職業能力開発協会	730-0052	広島市中区千田町3-7-47　広島県情報プラザ5階	082-245-4020
山口県職業能力開発協会	753-0051	山口市旭通り2-9-19　山口建設ビル3階	083-922-8646
徳島県職業能力開発協会	770-8006	徳島市新浜町1-1-7	088-663-2316
香川県職業能力開発協会	761-8031	高松市郷東町587-1　地域職業訓練センター内	087-882-2854
愛媛県職業能力開発協会	791-8057	松山市大可賀2-1-28　アイテムえひめ内	089-993-7301
高知県職業能力開発協会	781-5101	高知市布師田3992-4	088-846-2300
福岡県職業能力開発協会	813-0044	福岡市東区千早5-3-1　福岡人材開発センター2階	092-671-1238
佐賀県職業能力開発協会	840-0814	佐賀市成章町1-15	0952-24-6408
長崎県職業能力開発協会	851-2127	西彼杵郡長与町高田郷547-21	095-894-9971
熊本県職業能力開発協会	861-2202	上益城郡益城町田原2081-10　電子応用機械技術研究所内	096-285-5818
大分県職業能力開発協会	870-1141	大分市大字下宗方字古川1035-1　大分職業訓練センター内	097-542-3651
宮崎県職業能力開発協会	889-2155	宮崎市学園木花台西2-4-3	0985-58-1570
鹿児島県職業能力開発協会	892-0836	鹿児島市錦江町9-14	099-226-3240
沖縄県職業能力開発協会	900-0036	那覇市西3-14-1	098-862-4278
中央職業能力開発協会	160-8327	新宿区西新宿7-5-25　西新宿プライムスクエア11階	03-6758-2859

建築大工

実技試験問題

令和4年度 技能検定

2級 建築大工(大工工事作業)

実技試験問題

　次の注意事項、仕様及び課題図に従って、現寸図の作成、木ごしらえ、墨付け及び加工組立てを行いなさい。

1　試験時間

　　　標準時間　　　3時間30分

　　　打切り時間　　3時間45分

2　注意事項

(1)　支給された材料の品名、数量等が「4 支給材料」に示すとおりであることを確認すること。

(2)　支給された材料に異常がある場合は、申し出ること。

(3)　試験開始後は、原則として、支給材料の再支給をしない。

(4)　使用工具等は、使用工具等一覧表で指定した以外のものは使用しないこと。

(5)　試験中は、工具等の貸し借りを禁止する。

　　　なお、持参した工具の予備を使用する場合は、技能検定委員の確認を受けること。

(6)　作業時の服装等は、安全性、かつ作業に適したものであること。

　　　なお、作業時の服装等が著しく不適切であり、受検者の安全管理上、重大なけが・事故につながる等試験を受けさせることが適切でないと技能検定委員が判断した場合、試験を中止(失格)とする場合がある。

(7)　標準時間を超えて作業を行った場合は、超過時間に応じて減点される。

(8)　作業が終了したら、技能検定委員に申し出ること。

(9)　提出する現寸図及び製品(墨付け工程において提出が指示された部材)には、受検番号を記載すること。

(10)　現寸図が完成したら提出し、木ごしらえに移ること。

(11)　振たる木は、所定のくせを取った後、墨付けをして提出検査を受けること。

(12)　**この問題には、事前に書込みをしないこと。また、試験中は、持参した他の用紙にメモをしたものや参考書等を参照することは禁止とする。**

(13)　試験場内で、携帯電話、スマートフォン、ウェアラブル端末等の使用(電卓機能の使用を含む。)を禁止とする。

3 仕様

<作業順序>

〈指定部材の墨付け提出順序〉 提出順序は、厳守すること。

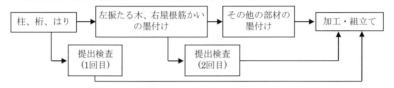

(1) 現寸図の作成(現寸図配置参考図参照)

ア 現寸図は、用紙を横に使用し、下図に示す平面図、左振たる木、右屋根筋かいの現寸図及び基本図を作成する。

なお、左振たる木、右屋根筋かいについては、各側面に各取り合いに必要な引出し線を平面図より立ち上げ、側面より上ばに展開し描き、提出検査を受けること。

また、提出した現寸図は、検査終了後に返却するが、検査中は、次の工程(木ごしらえ)に移ってもよいものとする。

イ 下図は配置参考図であるが、受検番号については、下図のとおり右下に書くこと。

また、その他製品の作成に受検者自身で必要と思われる図等は、描いてもさしつかえないものとする。

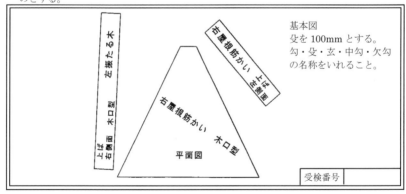

(2) 木ごしらえ

ア 部材の仕上がり寸法は、次のとおりとすること。 (単位：mm)

番号	部材名	仕上がり寸法(幅×成)	番号	部材名	仕上がり寸法(幅×成)
①	柱	50×50	④	振たる木	30×現寸図による
②	桁	50×45	⑤	屋根筋かい	30×40
③	はり	50×45			

イ　振たる木のくせ及び寸法は、現寸図によって木ごしらえをすること。

ウ　各部材は、4面共かんな仕上げとすること。

エ　振たる木を除く部材は、直角に仕上げること。

(3)　墨付け(課題図参照)

ア　各部材両端は、切墨を入れること。

イ　加工組立てに必要な墨はすべて付け、墨つぼ及び墨さしで仕上げること。

ウ　けびきによる線の上から墨付けを行うことは禁止とする。

(部材の両端にマーキングを行う場合のみ可)

エ　平勾配は、5/10勾配とすること。

オ　材幅芯墨は、墨打ちとし、柱4面(課題図参照)、はり、振たる木、屋根筋かいは、上ば下ば の2面に入れること。

カ　振たる木、屋根筋かいは、現寸図に基づき墨付けをすること。

キ　各取合いは、課題図に基づき墨付けをすること。

(4)　加工組立て

ア　加工組立ての順序は、受検者の任意とすること。

イ　加工組立ては、課題図に示すとおりに行うこと。

ウ　各取合いは、課題図のとおりとすること。

エ　取合い部を除くすべての木口は、かんな仕上げ、面取りはすべて糸面とする。

オ　振たる木は、柱に突き付け外側面から、桁に突き付け上ばより各くぎ1本止めとすること。

カ　<u>屋根筋かいは、上部は振たる木側面から、下部は屋根筋かい側面より振たる木に各くぎ1本 止めとすること。</u>

キ　埋木等は行わないこと。

(5)　作品は、材幅芯墨及び取合い墨を残して提出すること。

4　支給材料

(単位：mm)

番号	品　　　名	寸法又は規格	数量	備　　　　考
①	柱	500×51.5×51.5	1	
②	桁	700×51.5×46.5	1	
③	はり	620×51.5×46.5	1	
④	振たる木	720×31.5×48.5	2	
⑤	屋根筋かい	480×31.5×41.5	2	
⑥	くぎ	50	11	振たる木－柱　2本 振たる木－桁　2本 屋根筋かい－振たる木　2本
⑦		65	2	振たる木－屋根筋かい　2本
⑧	削り台止め(胴縁)	300×45×15程度	1	削り加工使用可
⑨	現寸図作成用紙	ケント紙(788×1091)	1	
⑩	メモ用紙		1	

2級 建築大工実技試験 使用工具等一覧表

1 受検者が持参するもの

品　名	寸法又は規格	数量	備　考
さ し が ね	小、大	各1	
墨　　さ　　し		適宜	
墨　　つ　　ぼ		適宜	黒墨のものとする
か　ん　な	荒、中、仕上げ	適宜	
の　　　　み		適宜	
の　こ　ぎ　り		適宜	
コードレスドリル（インパクトドリルも可）	きりの本数及び太さは適宜	1	穴掘り、きり用
げ　ん　の　う	小、大	適宜	
あ　て　木		1	あて木として以外の使用は不可とする
か じ や（バール）		1	
け　び　き		適宜	固定したものは不可とする
まきがね（スコヤ）		1	
く　ぎ　し　め		1	
はねむし（くぎ・ビス）	削り材、削り台止め用	適宜	
三　角　定　規		適宜	勾配定規は不可とする
直　定　規	1m程度	1	
自　由　が　ね		適宜	固定したものは不可とする 勾配目盛り付きのものは不可とする
電 子 式 卓 上 計 算 機	電池式(太陽電池式含む)	1	関数電卓不可
鉛 筆 及 び 消 し ゴ ム		適宜	シャープペンシルも可
し　ら　が　き		1	カッターナイフも可
養　生　類	タオル、すべり止め等	適宜	持参は任意とする
画　鋲　類		適宜	テープも可 持参は任意とする
作　業　服　等		一式	大工作業に適したもの 上履き含む
飲　　　　料		適宜	水分補給用

(注)　1.　使用工具等は、上記のものに限るが、すべてを用意しなくてもよく、また、同一種類のものを予備として持参することはさしつかえない。
　　　　　なお、充電式工具を持参する場合は、予め充電しておくこととし、バッテリーの予備の持参も可とする。
　　　2.　「飲料」については、各自で試験会場の状況や天候等を考慮の上、持参すること。

2 試験場に準備されているもの

（数量は、特にことわりがない場合は、受検者1名当たりの数量とする。）　　　　　　（単位：mm）

品　名	寸法又は規格	数量	備　考
削　り　台		1	
作　業　台	300×105×105程度	2	
合　板	910×1820×12程度	1	作業床保護用 現寸図作成用下敷兼用
清　掃　道　具		適宜	
バ　ケ　ツ		適宜	水が入れてある

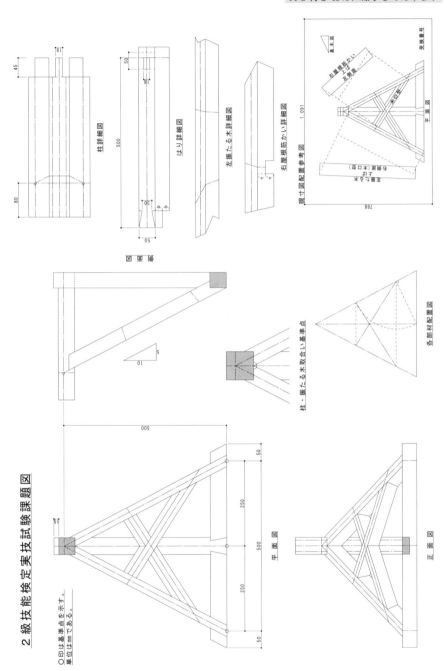

２級技能検定実技試験課題図

○印は基準点を示す。
単位は mm である。

柱詳細図

はり詳細図

左振たる木詳細図

右屋根筋かい詳細図

現寸図配置参考図

平面図

各部材配置図

柱・振たる木取合い基準点

平面図

正面図

令和4年度 技能検定
1級 建築大工（大工工事作業）
実技試験問題

　次の注意事項、仕様及び課題図に従って、現寸図の作成、木ごしらえ、墨付け及び加工組立てを行いなさい。

1　試験時間

　　標準時間　　　4時間50分
　　打切り時間　　5時間

2　注意事項

(1)　支給された材料の品名、数量等が「4 支給材料」に示すとおりであることを確認すること。

(2)　支給された材料に異常がある場合は、申し出ること。

(3)　試験開始後は、原則として、支給材料の再支給をしない。

(4)　使用工具等は、使用工具等一覧表で指定した以外のものは使用しないこと。

(5)　試験中は、工具等の貸し借りを禁止する。

　　　なお、持参した工具の予備を使用する場合は、技能検定委員の確認を受けること。

(6)　作業時の服装等は、安全性、かつ作業に適したものであること。

　　　なお、作業時の服装等が著しく不適切であり、受検者の安全管理上、重大なけが・事故につながる等試験を受けさせることが適切でないと技能検定委員が判断した場合、試験を中止（失格）とする場合がある。

(7)　標準時間を超えて作業を行った場合は、超過時間に応じて減点される。

(8)　作業が終了したら、技能検定委員に申し出ること。

(9)　提出する現寸図及び製品(墨付け工程において提出が指示された部材)には、受検番号を記載すること。

(10)　現寸図が完成したら提出し、木ごしらえに移ること。

(11)　隅木は、所定のくせを取った後、墨付けをして提出検査を受けること。

(12)　**この問題には、事前に書込みをしないこと。また、試験中は、持参した他の用紙にメモをしたものや参考書等を参照することは禁止とする。**

(13)　試験場内で、携帯電話、スマートフォン、ウェアラブル端末等の使用(電卓機能の使用を含む。)を禁止とする。

3 仕様

<作業順序>

現寸図の作成 → 木ごしらえ → 墨付け → 加工組立て → 提出

現寸図の作成 ↓ 現寸図の提出・検査

加工組立て ↑ 束・②桁・ひよどり栓・隅木・たる木の提出・検査

(1) 現寸図の作成(現寸図配置参考図参照)

　　現寸図は、用紙を横に使用し、下図に示す隅木、たる木、ひよどり栓の平面図、隅木右側面・木口型及びたる木3面展開図(上ば・両側面)を作成し、提出検査を受けること。また、提出した現寸図は、検査終了後に返却するが、検査中は、次の工程(木ごしらえ)に移ること。

現寸図配置参考図

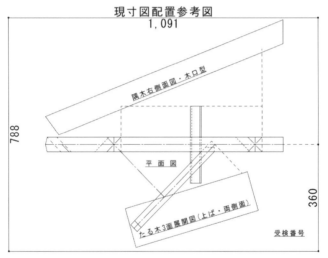

(2) 木ごしらえ

　　ア　部材の仕上がり寸法は、次のとおりとすること。

(単位：mm)

番号	部材名	仕上がり寸法(幅×成)	番号	部材名	仕上がり寸法(幅×成)
①	束	60×60	⑥	隅木	50×75
②	桁	60×70	⑦	たる木	32×52
③	桁	60×70	⑧	広小舞	55×20
④	母屋	60×70	⑨	ひよどり栓	現寸図による×14
⑤	はり	60×60	⑩	飼木(ねこ)	支給材料寸法のまま

　　イ　隅木は、山勾配に削って木ごしらえをすること。

　　ウ　かんな仕上げは、中しこ仕上げとすること。

　　エ　ひよどり栓は、現寸図によって、割り使いし、木ごしらえをすること。

　　オ　隅木上ば以外の部材は、直角に仕上げること。

　　カ　隅木上ば角(とかど)を除く部材は、糸面取りとすること。

(3) 墨付け(課題図参照)

ア　各部材両端は、切墨を入れること。

イ　加工組立てに必要な墨はすべて付け、墨つぼ及び墨さしを使用して仕上げること。

ウ　けびきによる線の上から墨付けを行うことは禁止とする。

　　(ただし、芯墨を打つ場合に限り、両端にマーキングを行う場合は可)

エ　飼木(ねこ)を除く各部材とも芯墨、桁の口脇墨、隅木のたる木下ば墨は墨打ちとし、上ば及び下ばの芯墨は残しておくこと。

　　なお、束も4面芯墨を残すこと。

オ　たる木勾配を、5.5/10勾配とすること。

　　なお、たる木鼻は直角とし、隅木は、たる木にあわせ、投墨を入れること。

カ　桁上ばから8mm上がりを峠とし、課題図に基づき墨を入れること。

キ　桁には、上ば及び下ばの芯墨、隅木、たる木及びはりの位置墨を入れること。

　　なお、はりとの取合い墨は、追入れあり落としとすること。

ク　桁と桁との取合い墨は、ねじ組みとし、詳細図に基づき墨付けすること。

ケ　束には、芯墨及び峠墨を入れること。

コ　束には、母屋との取合い墨(短ほぞ)及びはりとの取合い墨(打抜きほぞ)を入れること。

サ　はりには、上ば及び下ばの芯墨、桁と束の取合い墨を入れること。

シ　隅木には、上ば及び下ばの芯墨、桁、母屋及びたる木の取合い墨を入れ、上ばには、たすき墨、馬乗り墨及び広小舞取合い墨を入れること。

　　なお、側面には、ひよどり栓の取合い墨、入中・出中・本中墨・たる木下ば墨及び峠墨を入れることとし、たる木下ばで桁に仕掛けること。

ス　たる木は、展開図に基づき墨付けをすることとし、上ば及び下ばに芯墨、桁芯墨、ひよどり栓及び広小舞取合い墨を入れること。

　　なお、たる木と隅木との取合いは、課題図に基づき墨付けをすること。

セ　ひよどり栓には、切墨及び隅木・たる木との取合い幅墨を入れること。

ソ　広小舞は、隅木及びたる木の取合い墨、桁及びはり芯墨を入れること。

タ　飼木(ねこ)は、課題図に基づき取合い芯墨を入れること。

チ　②桁、束、隅木、たる木及びひよどり栓は、墨付け終了後、提出検査を受けること。

　　なお、提出は2回に分けて行い、1回目に束、②桁及びひよどり栓、2回目に隅木及びたる木を提出すること。

　　また、提出した部材は、検査終了後に返却するが、検査中は、次の工程に移ってもよいものとする。

＜指定部材の墨付け提出順序＞　提出順序は、厳守すること。

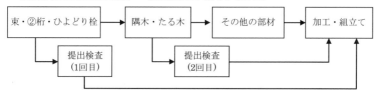

(4) 加工組立て

　　ア　加工組立ての順序は、受検者の任意とすること。

　　イ　加工組立て及び各所の取合いは、課題図に示すとおりに行うこと。

　　ウ　桁と桁との取合い及び桁と隅木との取合いは、課題図のとおりとすること。

　　エ　はりと桁との取合い及びはりと束との取合いは、課題図のとおりとすること。

　　オ　隅木とたる木、ひよどり栓の取合い及び広小舞の取合いは、課題図のとおりとすること。

　　カ　飼木(ねこ)を除くすべての木口は、かんん仕上げ、面取りとすること。

　　キ　飼木(ねこ)は、課題図のとおり2箇所とし、それぞれ木口から2本のくぎで固定すること。

(5) 作品は、各部材をくぎ止めとし(打ち掛けとしない)、組み上がった状態で提出すること。

　　　なお、各部材のくぎ止めについては、下記によること。また、隅木と桁は、くぎ2本で止め、それ以外は1本止めとすること。

　　○桁に、上ばからくぎ止めする部材　　　　　隅木・たる木

　　○隅木及びたる木に、上ばからくぎ止めする部材　　　広小舞

　　○母屋に、上ばからくぎ止めする部材　　　　隅木

4　支給材料

(単位：mm)

番号	品　　　名	寸法又は規格	数量	備　　　考
①	束	400×61.5×61.5	1	
②	桁	700×61.5×71.5	1	
③	桁	350×61.5×71.5	1	
④	母屋	350×61.5×71.5	1	
⑤	はり	450×61.5×61.5	1	
⑥	隅木	1000×51.5×76.5	1	
⑦	たる木	550×33.5×53.5	1	
⑧	広小舞	700×56.5×21.5	1	
⑨	ひよどり栓	360×40×15.5	1	
⑩	飼木(ねこ)	150×60×60	2	
⑪	くぎ	50	11	桁－飼木(ねこ) たる木－広小舞 隅木－広小舞 削り台用(5本)
⑫		65	1	桁－たる木
⑬		75	3	桁－隅木 母屋－隅木
⑭	削り台止め(胴縁)	300×45×15程度	1	削り加工使用可
⑮	現寸図作成用紙	ケント紙(788×1091)	1	
⑯	メモ用紙		1	

1級 建築大工実技試験 使用工具等一覧表

1 受検者が持参するもの

品 名	寸法又は規格	数量	備 考
さ し が ね	小、大	各1	
墨 さ し		適宜	
墨 つ ぼ		適宜	黒墨のものとする
か ん な	荒、中、仕上げ	適宜	
の み		適宜	
の こ ぎ り		適宜	
コードレスドリル（インパクトドリルも可）	きりの本数及び太さは適宜	1	穴掘り、きり用
ちょうな（よき）		1	持参は任意とする
げ ん の う	小、中、大	適宜	
あ て 木		1	あて木としての使用以外は不可とする
か じ や（バ ー ル）		1	
け び き		適宜	固定したものは不可とする
まきがね（スコヤ）		1	
く ぎ し め		1	
はねむし（くぎ・ビス）	削り材、削り台止め用	適宜	
三 角 定 規		適宜	勾配定規は不可とする
直 定 規	1m程度	1	
自 由 が ね		適宜	固定したものは不可とする 勾配目盛り付きのものは不可とする
電 子 式 卓 上 計 算 機	電池式(太陽電池式含む)	1	関数電卓不可
鉛 筆 及 び 消 し ゴ ム		適宜	シャープペンシルも可
し ら が き		1	カッターナイフも可
養 生 類	タオル、すべり止め等	適宜	持参は任意とする
画 鋲 類		適宜	テープも可 持参は任意とする
作 業 服 等		一式	大工作業に適したもの 上履き含む
飲 料		適宜	水分補給用

　(注)1.　使用工具等は、上記のものに限るが、すべてを用意しなくてもよく、また、同一種類のものを予備として持参することはさしつかえない。
　　　　なお、充電式工具を持参する場合は、予め充電しておくこととし、バッテリーの予備の持参も可とする。
　　　2.　「飲料」については、各自で試験会場の状況や天候等を考慮の上、持参すること。

2 試験場に準備されているもの

（数量は、特にことわりがない場合は、受検者1名当たりの数量とする。）　　　　（単位：mm）

品 名	寸法又は規格	数量	備 考
削 り 台		1	
作 業 台	300×105×105程度	2	
合 板	910×1820×12程度	1	作業床保護用 現寸図作成用下敷兼用
清 掃 道 具		適宜	
バ ケ ツ		適宜	水が入れてある

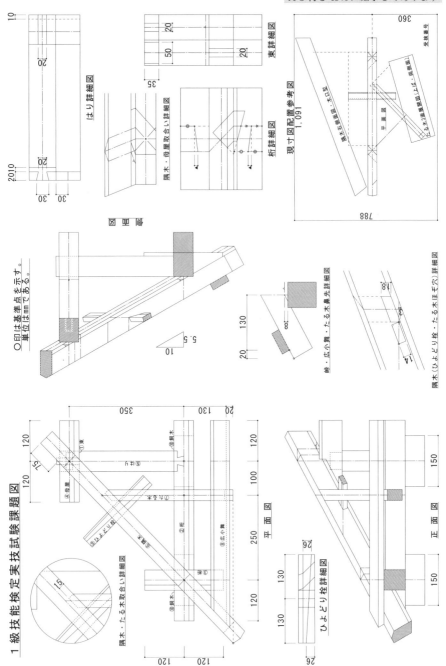

はり詳細図

束詳細図

隅木・母屋取合い詳細図

桁詳細図

現寸図配置参考図

側面図

○印は基準点を示す。
単位は㎜である。

峠・広小舞・たる木鼻先詳細図

隅木（ひよどり栓・たる木ほぞ穴）詳細図

1級技能検定実技試験課題図

①束　②桁　③ひよどり栓　④母屋　⑤梁　⑥隅木　⑦木負　⑧広小舞

隅木・たる木取合い詳細図

平面図

ひよどり栓詳細図

正面図

建築大工

学科試験問題

令和4年度 技能検定
2級 建築大工 学科試験問題
（大工工事作業）

1. 試験時間　　1時間40分
2. 問題数　　　50題(A群25題、B群25題)
3. 注意事項
   （1）　係員の指示があるまで、この表紙はあけないでください。
   （2）　答案用紙(真偽法と多肢択一法の併用)に検定職種名、作業名、級別、受検番号、氏名を必ず記入してください。
   （3）　係員の指示に従って、問題数を確かめてください。それらに異常がある場合は、黙って手を挙げてください。問題はA群(真偽法)とB群(多肢択一法)とに分かれています。
   （4）　試験開始の合図で始めてください。
   （5）　解答の方法(真偽法と多肢択一法の併用)は次のとおりです。
   　　イ．　A群の問題(真偽法)は、一つ一つの問題の内容が正しいか、誤っているかを判断して解答してください。
   　　ロ．　B群の問題(多肢択一法)は、正解と思うものを一つだけ選んで、解答してください。二つ以上に解答した場合は誤答となります。
   　　ハ．　答案用紙(マークシート用紙)へ解答する際は、答案用紙に記載されている注意事項に従ってください。
   　　ニ．　答案用紙の解答欄は、A群の問題とB群の問題とでは異なります。所定の解答欄に、試験問題の題数に応じて解答してください。解答欄はA群は50題まで、B群は25題まで解答できるようになっています。
   （6）　電子式卓上計算機その他これと同等等の機能を有するものは、使用してはいけません。
   （7）　携帯電話、スマートフォン、ウェアラブル端末等は、使用してはいけません。
   （8）　試験中、質問があるときは、黙って手を挙げてください。ただし、試験問題の内容、漢字の読み方等に関する質問にはお答えできません。
   （9）　試験終了時刻前に解答ができあがった場合は、黙って手を挙げて、係員の指示に従ってください。
   （10）　試験中に手洗いに立ちたいときは、黙って手を挙げて、係員の指示に従ってください。
   （11）　試験終了の合図があったら、筆記用具を置き、係員の指示に従ってください。

［A群（真偽法）］

1 京呂組は、木造和小屋に用いられる。

2 建築基準法関係法令において、主要構造部とは、柱、壁、床、はり、屋根又は階段をいう。

3 次図に示す基礎は、布基礎である。

4 はり間の大きい建物は、鉄骨造よりも壁式鉄筋コンクリート造の方が適している。

5 次図におけるD−Eは、小中勾である。

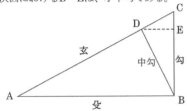

6 長玄と中勾が同じ長さの場合は、短玄も同じ長さになる。

7 くせを取った柱建て四方転びにおける貫上端の胴付きは、殳と短玄で表す。

8 次図は、柱建て四方転びの柱のくせの展開図である。

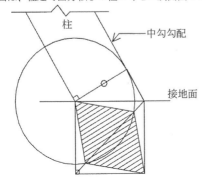

9　角のみ盤の心きりの刃先は、角のみの下端から10～20mm程度出しておくとよい。

10　かんな刃の仕込み勾配は、ケヤキ材よりもスギ材を削る仕込みの方を急勾配にするとよい。

11　バーチャート工程表(横線式工程表)は、ネットワーク工程表よりも各専門工事相互の関係が明確である。

12　工事用の仮設建築物に設ける水道及び電気設備は、関係機関の許可を受ける必要がある。

13　水杭の打込み深さは、根切り底まであれば十分である。

14　地縄張りとは、水盛りに先だって建物の位置を出すことをいう。

15　木造住宅の基礎に使用する鉄筋は、一般に、異形鉄筋よりも丸鋼が多く使用されている。

16　厚さ12mmのフローリング張りとする床組の根太間隔は、300mm程度とするとよい。

17　土台継手(かま継手)は、すべり勾配をつけ、引勝手に加工するとよい。

18　次図の給排水衛生設備工事に使用するトラップは、Sトラップである。

19　木造住宅のバルコニー床の防水には、アスファルト防水が最も適している。

20　打込み終了後のコンクリートは、直射日光、寒気、風雨等を避けるために、シート等で養生するとよい。

21　レディーミクストコンクリートは、使用するセメントが水硬性であるため、打込み現場で水を足した方がよい。

22　ヒバ材は、虫害に強いので、土台にも使用されている。

［A群（真偽法）］

23　日本産業規格(JIS)の建築製図通則によれば、次図の平面表示記号は、引違い戸を示す。

24　労働安全衛生法関係法令によれば、高さ2m以上で階段を設けない架設通路の勾配は、30°以下とすることとされている。

25　労働安全衛生法関係法令によれば、研削といしを取り替えたときには、3分間以上試運転をしなければならないとされている。

［B群（多肢択一法）］

1 木造建築物の構法として、適切でないものはどれか。
　　イ　在来軸組構法
　　ロ　枠組壁構法
　　ハ　木質プレハブ構法
　　ニ　一体式構法

2 階段の蹴上げ及び踏面の寸法として、正しいものはどれか。

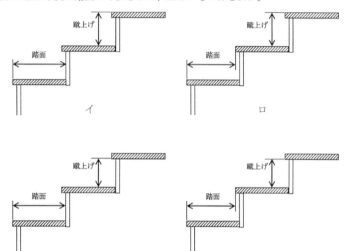

3 木造建築物の構造計画に関する記述として、誤っているものはどれか。
　　イ　桁行方向に細長い建築物における風圧力に対して必要な耐力壁の有効長さは、はり間方向に比べて、桁行方向の方が長い。
　　ロ　吹抜け部分の胴差しについては、水平方向の力を考慮する。
　　ハ　屋根の棟や軒先部分には、局部的に大きな風圧力が加わる。
　　ニ　耐力壁の脚部には、引抜きの力が生じる。

4 部材と部材が剛接合である構造として、正しいものはどれか。
　　イ　トラス構造
　　ロ　ラーメン構造
　　ハ　木造軸組
　　ニ　組積造

［B群（多肢択一法）］

5 次図の骨組を支えている支点記号のうち、移動支点を表すものはどれか。

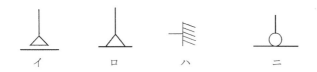

  イ   ロ   ハ   ニ

6 次図は、規矩術の基本図であるが、A、B、C、Dの組合せとして、正しいものはどれ
  か。

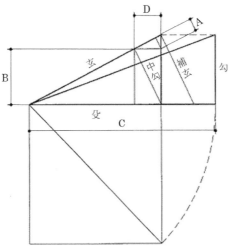

        A   B   C   D
  イ 隅殳 … 欠勾 … 小殳 … 小中勾
  ロ 小殳 … 小中勾 … 欠勾 … 隅殳
  ハ 小中勾 … 欠勾 … 隅殳 … 小殳
  ニ 小中勾 … 小殳 … 隅殳 … 欠勾

7 棒隅木(真隅木)の山勾配の取り方のさしがね使いとして、適切なものはどれか。
    イ 平勾の返し勾配
    ロ 長玄の返し勾配
    ハ 中勾の返し勾配
    ニ 隅中勾の返し勾配

8 棒隅木(真隅木)上端に山勾配がない場合、桁芯方向のたすき墨のさしがね使いとして、正しいものはどれか。
  イ　矩勾配
  ロ　長玄勾配
  ハ　中勾勾配
  ニ　隅長玄勾配

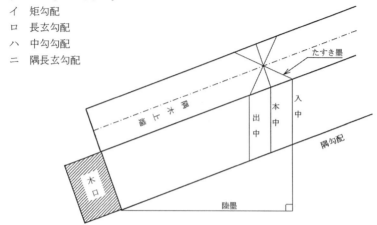

9 くぎ打ち機では、使用できないくぎはどれか。
  イ　鉄くぎ
  ロ　ステンレスくぎ
  ハ　合くぎ
  ニ　ロールくぎ

10 かんなの裏押しの状態として、最も良いものはどれか。

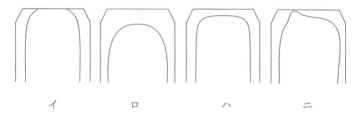

   イ   ロ   ハ   ニ

11 建築物の施工計画を立てるのに必要のないものはどれか。
  イ　基本工程表の作成
  ロ　工事現場の周囲の状況調査
  ハ　工事請負契約書の作成
  ニ　設計図書の確認

［B群（多肢択一法）］

12　仮設工事でないものはどれか。
　　　　イ　仮囲い工事
　　　　ロ　足場工事
　　　　ハ　水盛り・遣方工事
　　　　ニ　基礎工事

13　一般に使用されている墨付けにおいて、にじり印を表す記号として、正しいものはどれか。

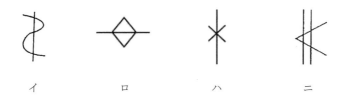

　　　　　　イ　　　　　　　　ロ　　　　　　　　ハ　　　　　　　　ニ

14　木造建築物の基礎工事に関する記述として、適切でないものはどれか。
　　　　イ　基礎の底面は、地盤の凍結深度よりも深くする。
　　　　ロ　一般に、布基礎は、一体の鉄筋コンクリート造とする。
　　　　ハ　外周部の布基礎には、間隔6mごとに床下換気孔を設ける。
　　　　ニ　アンカーボルトの埋込み長さは、250mm以上とする。

15　軒先に関する記述として、誤っているものはどれか。
　　　　イ　はな隠しは、たる木の先に取り付ける材である。
　　　　ロ　かわら座は、けらばに取り付ける材である。
　　　　ハ　広小舞は、たる木の上に取り付ける材である。
　　　　ニ　木小舞を付けた場合、化粧板は、たて張りとする。

16　次図の面取りのうち、ぎんなん面はどれか。

　　　　　　イ　　　　　　　　ロ　　　　　　　　ハ　　　　　　　　ニ

17　一般に、クロス下地のボードの張り方として、適切でないものはどれか。
　　　　イ　ステンレスくぎで張る。
　　　　ロ　ステンレスビスで張る。
　　　　ハ　ボンドとステンレスくぎを併用して張る。
　　　　ニ　ボンドと鉄くぎを併用して張る。

18 造作材と材料の使い方の組合せとして、正しいものはどれか。

   　　　（造作材）　　　　　（材料）
   イ　地板の上端　・・・　木裏
   ロ　鴨居の下端　・・・　木裏
   ハ　敷居の上端　・・・　木表
   ニ　長押の下端　・・・　木裏

19 文中の（　　）内に当てはまる数値として、正しいものはどれか。
   鉄筋コンクリート造に使用するコンクリートの強度は、一般に、（　　）週圧縮強度
   で表す。
   イ　2
   ロ　3
   ハ　4
   ニ　5

20 断熱材に関する記述として、適切でないものはどれか。
   イ　ロックウール断熱材の主原料には、高炉スラグ、玄武岩などを使用する。
   ロ　ロックウール断熱材は、水に濡れると、断熱性が低下する。
   ハ　大壁造の場合、アルミはく張りの断熱材は、防湿層を外側にして取り付ける。
   ニ　断熱材の厚さが増すほど、断熱性は増す。

21 次の防蟻処理をしていない天然木材のうち、シロアリに最も侵されやすいものはど
   れか。
   イ　ヒノキ
   ロ　コウヤマキ
   ハ　ケヤキ
   ニ　ベイツガ

22 屋根伏図とその名称の組合せとして、誤っているものはどれか。

   イ　入母屋屋根　　　ロ　陸屋根　　　ハ　切妻屋根　　　ニ　寄棟屋根

23 建築基準法関係法令において、建蔽率の算出式とされているものはどれか。
   イ　延床面積÷建築面積
   ロ　延床面積÷敷地面積
   ハ　建築面積÷敷地面積
   ニ　建築面積÷延床面積

［B群（多肢択一法）］

24　文中の(　　)内に当てはまる数値として、正しいものはどれか。

　　　建築基準法関係法令によれば、建築主は、木造の建築物で3以上の階数を有し、又は延べ面積が500m²、高さが13m若しくは軒の高さが(　　)mを超える建築物を建築しようとする場合、確認の申請書を提出して建築主事の確認を受け、確認済証の交付を受けなければならない。

　　　イ　7
　　　ロ　8
　　　ハ　9
　　　ニ　10

25　労働安全衛生法関係法令によれば、移動はしごに関する記述として、適切でないものはどれか。

　　　イ　丈夫な構造とすること。
　　　ロ　材料は著しい損傷、腐食等がないものとすること。
　　　ハ　幅は25cm以上のものを使用すること。
　　　ニ　すべり止めの装置の取付け、その他転位を防止するために必要な措置を講ずること。

令和3年度 技能検定
2級 建築大工 学科試験問題
（大工工事作業）

1. 試験時間　1時間40分
2. 問題数　　50題(A群25題、B群25題)
3. 注意事項
   （1）　係員の指示があるまで、この表紙はあけないでください。
   （2）　答案用紙(真偽法と多肢択一法の併用)に検定職種名、作業名、級別、受検番号、氏名を必ず記入してください。
   （3）　係員の指示に従って、問題数を確かめてください。それらに異常がある場合は、黙って手を挙げてください。問題はA群(真偽法)とB群(多肢択一法)とに分かれています。
   （4）　試験開始の合図で始めてください。
   （5）　解答の方法(真偽法と多肢択一法の併用)は次のとおりです。
   　　イ．　A群の問題(真偽法)は、一つ一つの問題の内容が正しいか、誤っているかを判断して解答してください。
   　　ロ．　B群の問題(多肢択一法)は、正解と思うものを一つだけ選んで、解答してください。二つ以上に解答した場合は誤答となります。
   　　ハ．　答案用紙(マークシート用紙)へ解答する際は、答案用紙に記載されている注意事項に従ってください。
   　　ニ．　答案用紙の解答欄は、A群の問題とB群の問題とでは異なります。所定の解答欄に、試験問題の題数に応じて解答してください。解答欄はA群は50題まで、B群は25題まで解答できるようになっています。
   （6）　電子式卓上計算機その他これと同等の機能を有するものは、使用してはいけません。
   （7）　携帯電話、スマートフォン、ウェアラブル端末等は、使用してはいけません。
   （8）　試験中、質問があるときは、黙って手を挙げてください。ただし、試験問題の内容、漢字の読み方等に関する質問にはお答えできません。
   （9）　試験終了時刻前に解答ができあがった場合は、黙って手を挙げて、係員の指示に従ってください。
   （10）　試験中に手洗いに立ちたいときは、黙って手を挙げて、係員の指示に従ってください。
   （11）　試験終了の合図があったら、筆記用具を置き、係員の指示に従ってください。

［A群（真偽法）］

1　木造建築物では、強風や地震に耐える構造とするため、一般に、筋かいや火打ち等を入れる。

2　洋小屋組には、キングポストトラス、クイーンポストトラスなどがある。

3　火打ちとは、2階床組だけに取り付ける部材の名称をいう。

4　鉄筋コンクリートの最小かぶり厚さは、基礎と柱では異なる。

5　隅勾配は、殳の裏目と勾で表す。

6　規矩において、次の式は正しい。
$$玄 = (殳)^2 + (中勾)^2$$

7　下図は、配付けたる木の上端切墨を表したものである。

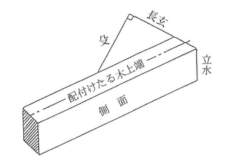

8　下図は、鼻隠し上端、隅木取合い切墨である。

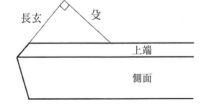

9　手押しかんな盤は、前(手前)テーブルを後(先)テーブルよりも削りしろだけ下げて使用する。

10　手押しかんな盤で小さな木材を加工する場合は、安全カバーをしなくてもよい。

［A群（真偽法）］

11　工事に使用する工程表の作成に当たり、天候は考慮しなくてもよい。

12　仮設工事の仮囲いは、材料等の飛散等を防止する目的もある。

13　水盛りタンクで行う遣方（やりかた）は、高低差の大きな地盤に適している。

14　下図の水杭の頭頂部の切り方は、矢はず切りである。

15　割栗地業とは、割栗石を小端立て密着にさせて並べ、すき間に目つぶし砂利を敷き込み、突き固めることをいう。

16　柱に背割りをする目的の一つは、見付面の割れを防ぐためである。

17　柱と敷居の取合いの一つに、一方を目違い入れ、他方を横栓打ちとする方法がある。

18　下図のような金物は、土台又は基礎と柱及び上下階の柱相互の接合に適している。

19　モルタル塗り工事で、セメント量の割合を多くすると、ひび割れが生じやすい。

20　柱に貼った養生紙は、建て方終了後も材の日焼け、汚れ防止のために残しておく方がよい。

21　集成材は、むく材よりも反り、狂いなどが生じにくい。

22　木材の辺材は、一般に、心材よりも強度が高い。

［A群（真偽法）］

23 下図の屋根伏図は、方形屋根である。

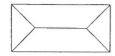

24 労働安全衛生法関係法令によれば、足場を組み立てる等の方法により作業床を設けなければならない作業箇所の高さは、2m以上とされている。

25 労働安全衛生法関係法令によれば、労働者は、作業場の清潔に注意し、廃棄物を定められた場所以外の場所にすてないようにしなければならない。

［B群（多肢択一法）］

1　木材で組んだ枠に合板などを打ち付けた床枠組や壁枠組を組み立てて一体化する構造として、正しいものはどれか。
　　イ　在来軸組構法
　　ロ　枠組壁構法
　　ハ　丸太組構法
　　ニ　集成材構法

2　木造2階建住宅の柱で、一般に、断面寸法が最も大きいものはどれか。
　　イ　通し柱
　　ロ　半柱
　　ハ　管柱
　　ニ　間柱

3　桁の上端のたる木とたる木の間をふさぐ材料の名称として、正しいものはどれか。
　　イ　破風板
　　ロ　鼻隠し
　　ハ　広小舞
　　ニ　面戸板

4　建築構造形式に関する記述として、誤っているものはどれか。
　　イ　トラス構造は、直線材をピン接合し三角形に組合わせて構成した構造である。
　　ロ　ラーメン構造は、部材と部材とをピン接合とした構造である。
　　ハ　鉄骨鉄筋コンクリート構造は、鉄骨を中心として、その周囲を鉄筋コンクリートの部材とした構造である。
　　ニ　補強コンクリートブロック構造は、耐震性を高めるため、鉄筋で補強した組積造のことである。

5　力の三要素の組合せとして、正しいものはどれか。
　　イ　大きさ　　　方向(向き)　　　作用点
　　ロ　大きさ　　　方向(向き)　　　支点
　　ハ　応力　　　　方向(向き)　　　作用点
　　ニ　応力　　　　方向(向き)　　　支点

［B群（多肢択一法）］

6　下図は、規矩術の基本図であるが、A、B、C及びDの組合せとして、正しいものはどれか。

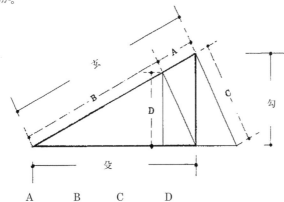

```
       A       B       C       D
 イ   長玄 ・・・ 短玄 ・・・ 欠勾 ・・・ 補玄
 ロ   短玄 ・・・ 補玄 ・・・ 長玄 ・・・ 欠勾
 ハ   補玄 ・・・ 長玄 ・・・ 欠勾 ・・・ 短玄
 ニ   短玄 ・・・ 長玄 ・・・ 補玄 ・・・ 欠勾
```

7　下図に示す山取りした隅木の上端墨において、入中から本中へ向かう墨のさしがね使いとして、正しいものはどれか。

イ　長玄の返し勾配
ロ　長玄勾配
ハ　隅長玄勾配
ニ　短玄勾配

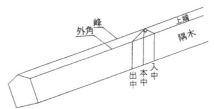

8　さしがねの表目と裏目(角目)の関係を表した式として、正しいものはどれか。
イ　裏目1＝表目1×$\sqrt{2}$
ロ　裏目1＝表目1×$\sqrt{3}$
ハ　裏目1＝表目1÷$\sqrt{2}$
ニ　裏目1＝表目1÷$\sqrt{3}$

9　木工用の刃物を研磨する場合、使用する砥石の順序として、正しいものはどれか。
イ　中砥　　　→　荒砥　　　→　グラインダ　→　仕上げ砥
ロ　グラインダ　→　中砥　　　→　仕上げ砥　→　荒砥
ハ　グラインダ　→　荒砥　　　→　中砥　　　→　仕上げ砥
ニ　仕上げ砥　→　グラインダ　→　荒砥　　　→　中砥

10 大工道具に使用される木の種類として、誤っているものはどれか。
  イ かんな台 …… シラガシ
  ロ のこぎりの柄 …… ヒノキ
  ハ 玄能の柄 …… スギ
  ニ 墨つぼ …… ケヤキ

11 木造住宅軸組の建て方の順序として、誤っているものはどれか。
  イ 土台 → 柱 → はり → 母屋づか
  ロ 土台 → 柱 → 桁 → 小屋づか
  ハ 土台 → 小屋づか → 柱 → つりづか
  ニ 土台 → 柱 → 母屋づか → 母屋

12 労働安全衛生法関係法令によれば、高さ2m以上の作業床において、墜落の危険のある箇所に設ける手すりの高さとして、正しいものはどれか。
  イ 65cm以上
  ロ 70cm以上
  ハ 85cm以上
  ニ 95cm以上

13 大矩の用途として、正しいものはどれか。
  イ 高さを出す。
  ロ 水平を出す。
  ハ 正三角形を出す。
  ニ 直角を出す。

14 文中の(　　)内に当てはまる数値として、正しいものはどれか。
  木造住宅における床下防湿コンクリートの厚さは、(　　)mm以上とする。ただし、基礎の構造をべた基礎とした場合は、この限りではない。
  イ 30
  ロ 40
  ハ 50
  ニ 60

15 木構造の施工に関する記述として、誤っているものはどれか。
  イ 2階はりを柱間の中央で、鎌継ぎにする。
  ロ 母屋の転止めを合掌に打ち付ける。
  ハ 火打土台を傾ぎ大入れとし、大釘で止める。
  ニ 真づかを陸ばりの下から箱金物で締める。

［B群（多肢択一法）］

16　下図の釘打ちのうち、千鳥打ちはどれか。

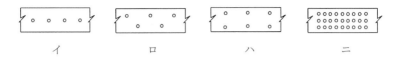

　　　　　　イ　　　　　　　　ロ　　　　　　　　ハ　　　　　　　　ニ

17　次のうち、曲げモーメントを受ける木造の継手として、最も適切なものはどれか。
　　イ　しゃち継ぎ
　　ロ　鎌継ぎ
　　ハ　金輪継ぎ
　　ニ　あり継ぎ

18　木構造の各部材とその仕口の組合せとして、適切でないものはどれか。
　　　　　（各部材）　　　　　　　（仕口）
　　イ　小屋ばりと軒桁　・・・　かぶとあり掛け
　　ロ　母屋と小屋づか　・・・　渡りあご掛け
　　ハ　通し柱と胴差し　・・・　傾ぎ大入れほぞ差し
　　ニ　土台と間柱　　・・・　突き付け

19　根太工法において、クッションフロア(CF)を張る場合、床下地合板の厚さとして、適切なものはどれか。
　　イ　5.5mm
　　ロ　7.5mm
　　ハ　9mm
　　ニ　12mm

20　アルミニウムに関する記述として、誤っているものはどれか。
　　イ　アルカリに侵されにくい。
　　ロ　モルタルに接触させない方がよい。
　　ハ　鉄に比べて熱膨張が大きい。
　　ニ　鉄に比べて材質が柔らかいのでキズが付きやすい。

21　建築基準法関係法令によれば、内装材として、使用面積の制限を受けない材料の等級はどれか。
　　イ　F☆☆☆☆
　　ロ　F☆☆☆
　　ハ　F☆☆
　　ニ　F☆

22 日本産業規格(JIS)の建築製図通則によれば、次の材料構造表示記号が示すものはどれか。

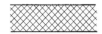

 イ 割栗
 ロ コンクリート及び鉄筋コンクリート
 ハ 保温吸音材
 ニ 軽量ブロック壁

23 文中の( )内に当てはまる数値として、正しいものはどれか。
  建築基準法関係法令によれば、最下階の居室の床が木造である場合における床の高さは、原則として、直下の地面からその床の上面まで( )cm以上とすることと規定されている。
 イ 30
 ロ 40
 ハ 45
 ニ 50

24 建築基準法関係法令によれば、容積率の算出式として、規定されているものはどれか。
 イ 延べ面積÷敷地面積
 ロ 延べ面積÷建築面積
 ハ 建築面積÷敷地面積
 ニ 建築面積÷延べ面積

25 文中の( )内に当てはまる数値として、正しいものはどれか。
  労働安全衛生法関係法令によれば、つり足場の場合を除き、作業床の床材間の隙間は( )cm以下としなければならない。
 イ 3
 ロ 4
 ハ 5
 ニ 6

令和2年度 技能検定
2級 建築大工 学科試験問題
（大工工事作業）

1. 試験時間　1時間40分
2. 問題数　　50題(A群25題、B群25題)
3. 注意事項
   (1)　係員の指示があるまで、この表紙はあけないでください。
   (2)　答案用紙(真偽法と多肢択一法の併用)に検定職種名、作業名、級別、受検番号、氏名を必ず記入してください。
   (3)　係員の指示に従って、問題数を確かめてください。それらに異常がある場合は、黙って手を挙げてください。問題はA群(真偽法)とB群(多肢択一法)とに分かれています。
   (4)　試験開始の合図で始めてください。
   (5)　解答の方法(真偽法と多肢択一法の併用)は次のとおりです。
   　　イ．　A群の問題(真偽法)は、一つ一つの問題の内容が正しいか、誤っているかを判断して解答してください。
   　　ロ．　B群の問題(多肢択一法)は、正解と思うものを一つだけ選んで、解答してください。二つ以上に解答した場合は誤答となります。
   　　ハ．　答案用紙(マークシート用紙)へ解答する際は、答案用紙に記載されている注意事項に従ってください。
   　　ニ．　答案用紙の解答欄は、A群の問題とB群の問題とでは異なります。所定の解答欄に、試験問題の題数に応じて解答してください。解答欄はA群は50題まで、B群は25題まで解答できるようになっています。
   (6)　電子式卓上計算機その他これと同等の機能を有するものは、使用してはいけません。
   (7)　携帯電話、スマートフォン、ウェアラブル端末等は、使用してはいけません。
   (8)　試験中、質問があるときは、黙って手を挙げてください。ただし、試験問題の内容、漢字の読み方等に関する質問にはお答えできません。
   (9)　試験終了時刻前に解答ができあがった場合は、黙って手を挙げて、係員の指示に従ってください。
   (10)　試験中に手洗いに立ちたいときは、黙って手を挙げて、係員の指示に従ってください。
   (11)　試験終了の合図があったら、筆記用具を置き、係員の指示に従ってください。

［A群（真偽法）］

1　真壁造とは、板張りや塗り壁を柱面に設けて、柱を隠す構造をいう。

2　在来軸組構法は、架構式構造である。

3　下図の階段の断面図において、踏面寸法は、○印の部分である。

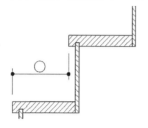

4　S造とは、鉄骨造のことをいう。

5　下図のA－Bは、隅勾配を表している。

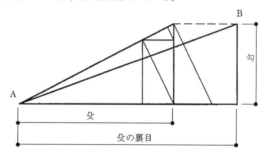

6　下図のように、隅木の右側面と右上端桁芯との交点を本中という。

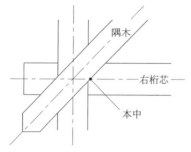

［A群（真偽法）］

7 下図は、棒隅木(真隅木)の投墨のさしがね使いを示したものである。

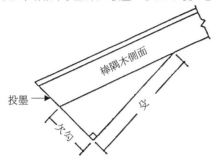

8 柱建て四方転びの柱のくせは、柱の勾配が垂直に近くなるほど小さくなる。

9 トリマは、主に、貫通する穴を開けることを目的として使用される小型の工具である。

10 かんな刃の仕込み勾配は、ケヤキ材よりもスギ材を削る仕込みの方を急勾配にするとよい。

11 木造建築物の施工計画は、木工事のみを計画して作成すればよい。

12 仮設足場で単管を使用する場合、筋かいの止め金具には、自在クランプを使用する。

13 下図における水杭の頭頂部の切り方は、いすか切りである。

14 水盛り・遣方において、芯墨は、レベルを使用して出す。

15 基礎コンクリートの養生では、型枠をなるべく早く取り外して日光や風にさらした方がよい。

16 送り継ぎとは、木材の元口と末口とを継ぎ合わせることをいう。

17 下図の床板の仕口は、本ざねはぎである。

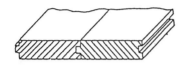

18 けらば瓦は、軒先に使用する瓦である。

19 シーリング工事は、一般に、塗装工事が終わってから行うとよい。

20 むく材を使用したフローリング床の養生は、塗装工事の完了後に行うのがよい。

21 アルミニウムは、アルカリに弱い材質である。

22 集成材は、むく材よりも、反りや狂いなどが生じやすい。

23 日本産業規格(JIS)の建築製図通則によれば、製図に使用する寸法の単位は、原則として、センチメートルとする。

24 労働安全衛生法関係法令によれば、丸太足場の地上第一の布は、3m以下の位置に設けることとされている。

25 労働安全衛生法関係法令によれば、単管足場(単管足場用鋼管規格に適合する鋼管を用いて構成される鋼管足場)の建地の間隔は、けた行方向を1.85m以下、はり間方向を1.5m以下とすることとされている。

［B群（多肢択一法）］

1　文中の（　　）内に当てはまる語句として、正しいものはどれか。
　　木材を水平に積み上げて、構造体としての壁を構成する構造形式は、（　　）である。
　　　イ　木造枠組壁構法
　　　ロ　木造集成材構法
　　　ハ　在来軸組構法
　　　ニ　丸太組構法

2　木造建築物において、軒桁と小屋ばりの仕口を補強するときに使う金物として、適切なものはどれか。
　　　イ　かすがい
　　　ロ　羽子板ボルト
　　　ハ　大釘
　　　ニ　短冊金物

3　木造住宅において使用しない柱はどれか。
　　　イ　大黒柱
　　　ロ　通柱
　　　ハ　床柱
　　　ニ　御柱

4　高層建築に最も適している構造はどれか。
　　　イ　木造
　　　ロ　鉄筋コンクリート造
　　　ハ　無筋コンクリート造
　　　ニ　組積造

5　力の3要素として、誤っているものはどれか。
　　　イ　力の大きさ
　　　ロ　力の方向
　　　ハ　力の性質
　　　ニ　力の作用点

6 下図は規矩術の基本図であるが、次のうち、図中にない名称はどれか。
  イ 勾
  ロ 殳
  ハ 玄
  ニ 小中勾

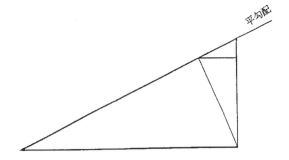

7 棒隅木(真隅木)上端に山勾配がない場合、桁芯方向のたすき墨のさしがね使いとして、正しいものはどれか。
  イ 矩勾配
  ロ 長玄勾配
  ハ 中勾勾配
  ニ 隅長玄勾配

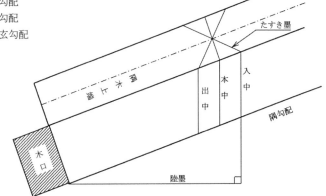

8 平勾配と振れ勾配が同一の小屋組において、振れたる木上端桁心墨で、正しいものはどれか。
  イ 殳100mmに対し短玄の返し勾配
  ロ 殳100mmに対し小中勾の返し勾配
  ハ 殳100mmに対し小殳の返し勾配
  ニ 殳100mmに対し中勾の返し勾配

［B群（多肢択一法）］

9　仕上げかんなの削り方として、適切なものはどれか。
　　　イ　薄く、幅広く、長く削る。
　　　ロ　薄く、幅狭く、短く削る。
　　　ハ　厚く、幅広く、短く削る。
　　　ニ　厚く、幅狭く、長く削る。

10　水平角と立水を測るものとして、正しいものはどれか。
　　　イ　トランシット
　　　ロ　水盛りタンク
　　　ハ　下げ振り
　　　ニ　水平定規

11　木造住宅の施工順序として、正しいものはどれか。
　　　イ　遣方　→　基礎　→　建方　→　屋根
　　　ロ　基礎　→　遣方　→　建方　→　屋根
　　　ハ　基礎　→　建方　→　遣方　→　屋根
　　　ニ　遣方　→　建方　→　基礎　→　屋根

12　次のうち、仮設工事はどれか。
　　　イ　基礎工事
　　　ロ　屋根工事
　　　ハ　足場工事
　　　ニ　板金工事

13　水盛り作業に関する記述として、適切なものはどれか。
　　　イ　高さを水平に出す。
　　　ロ　高さを大矩で正確に出す。
　　　ハ　直角は、水杭に合わせて水糸を張る。
　　　ニ　直角を出したら、水貫を正確に杭に打つ。

14　基礎構造の名称として、誤っているものはどれか。
　　　イ　リシン基礎
　　　ロ　布基礎
　　　ハ　独立基礎
　　　ニ　べた基礎

15　下図の床板加工のうち、合じゃくり(合欠き)はどれか。

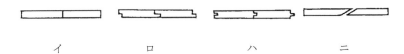

　　　　　イ　　　　　　　　ロ　　　　　　　　ハ　　　　　　　　ニ

16　継手や仕口に関係しないものはどれか。
　　　イ　あり掛け
　　　ロ　あり壁
　　　ハ　あり桟
　　　ニ　あり継ぎ

17　見切り材の使用箇所とその名称の組合せとして、誤っているものはどれか。
　　　　　(使用箇所)　　　　　　　　　　(名称)
　　　イ　和室の畳と壁　　　・・・　畳寄せ
　　　ロ　押入れの床と羽目板　・・・　雑巾ずり
　　　ハ　廊下の床と羽目板　・・・　幅木
　　　ニ　洗面所の床と羽目板　・・・　回り縁

18　下図の面取りのうち、丸面はどれか。

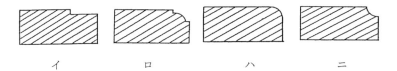

　　　　　イ　　　　　　　　ロ　　　　　　　　ハ　　　　　　　　ニ

19　断熱性能が最も高い窓用ガラスとして、適切なものはどれか。
　　　イ　フロート板ガラス
　　　ロ　網入り板ガラス
　　　ハ　合わせガラス
　　　ニ　複層ガラス

20　使用場所とその建築用材料の組合せとして、一般に、適切でないものはどれか。
　　　　　(使用場所)　　　(建築用材料)
　　　イ　土台　　・・・　クリ・ヒノキ
　　　ロ　柱　　　・・・　ヒノキ・スギ
　　　ハ　小屋　　・・・　ラワン・タモ
　　　ニ　造作　　・・・　ヒノキ・スギ

［B群（多肢択一法）］

21　木材及び木材加工品に関する記述として、適切でないものはどれか。
　　イ　木材の比重は、一般に、気乾材の比重で表す。
　　ロ　乾燥させた木材は、生木よりも強度が高い。
　　ハ　引張強度は、せん断強度よりも小さい。
　　ニ　合板は、3枚以上の単板を接着剤で貼り合わせて1枚の板にしたものである。

22　日本産業規格(JIS)の建築製図通則によれば、片開き窓を表す平面表示記号として、正しいものはどれか。

　　　　イ　　　　　　　ロ　　　　　　　ハ　　　　　　　ニ

23　文中の(　　)内に当てはまる数値として、正しいものはどれか。
　　建築基準法関係法令によれば、住宅の居室の採光面積は、原則として、床面積の(　　)以上としなければならないとされている。
　　イ　1/7
　　ロ　1/9
　　ハ　1/10
　　ニ　1/20

24　建築基準法関係法令における用語とその定義の組合せとして、誤っているものはどれか。
　　　　（用語）　　　　　　　（定義）
　　イ　延べ床面積　・・・　敷地の水平投影面積
　　ロ　建築　　　　・・・　建築物を新築し、増築し、改築し、又は移転すること
　　ハ　建ぺい率　　・・・　建築物の建築面積の敷地面積に対する割合
　　ニ　容積率　　　・・・　建築物の延べ床面積の敷地面積に対する割合

25　文中の(　　)内に当てはまる数値として、正しいものはどれか。
　　労働安全衛生法関係法令によれば、高さ2m以上の作業場所に設ける作業床の幅は、一側足場及びつり足場の場合を除き、(　　)cm以上とすることとされている。
　　イ　30
　　ロ　40
　　ハ　50
　　ニ　60

令和4年度 技能検定
1級 建築大工 学科試験問題
（大工工事作業）

1. 試験時間　1時間40分
2. 問題数　　50題(A群25題、B群25題)
3. 注意事項
   （1）　係員の指示があるまで、この表紙はあけないでください。
   （2）　答案用紙(真偽法と多肢択一法の併用)に検定職種名、作業名、級別、受検番号、氏名を必ず記入してください。
   （3）　係員の指示に従って、問題数を確かめてください。それらに異常がある場合は、黙って手を挙げてください。問題はA群(真偽法)とB群(多肢択一法)とに分かれています。
   （4）　試験開始の合図で始めてください。
   （5）　解答の方法(真偽法と多肢択一法の併用)は次のとおりです。
   　　イ．　A群の問題(真偽法)は、一つ一つの問題の内容が正しいか、誤っているかを判断して解答してください。
   　　ロ．　B群の問題(多肢択一法)は、正解と思うものを一つだけ選んで、解答してください。二つ以上に解答した場合は誤答となります。
   　　ハ．　答案用紙(マークシート用紙)へ解答する際は、答案用紙に記載されている注意事項に従ってください。
   　　ニ．　答案用紙の解答欄は、A群の問題とB群の問題とでは異なります。所定の解答欄に、試験問題の題数に応じて解答してください。解答欄はA群は50題まで、B群は25題まで解答できるようになっています。
   （6）　電子式卓上計算機その他これと同等の機能を有するものは、使用してはいけません。
   （7）　携帯電話、スマートフォン、ウェアラブル端末等は、使用してはいけません。
   （8）　試験中、質問があるときは、黙って手を挙げてください。ただし、試験問題の内容、漢字の読み方等に関する質問にはお答えできません。
   （9）　試験終了時刻前に解答ができあがった場合は、黙って手を挙げて、係員の指示に従ってください。
   （10）　試験中に手洗いに立ちたいときは、黙って手を挙げて、係員の指示に従ってください。
   （11）　試験終了の合図があったら、筆記用具を置き、係員の指示に従ってください。

［A群（真偽法）］

1 木造建築には、折置組工法がある。

2 和小屋組の京呂組は、小屋ばりを柱の上にのせ、桁をはりの上に架け渡す組み方である。

3 建築基準法関係法令によれば、木材の断面寸法が30mm×90mmの筋かいを柱及び横架材に緊結する場合、筋かいプレート、ボルト及びくぎを使用しなければならない。

4 RC造は、一般に、SRC造よりも耐力と粘りがある。

5 等分布荷重が加わった単純ばりでは、はり中央部に生じるせん断力は最大になる。

6 出雲大社の建築様式は、大社造りである。

7 次図の太線は、棒隅木(真隅木)の山勾配である隅中勾の勾配を表したものである。

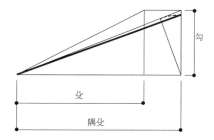

8 出隅木の長さを測る場合は、出隅木側面にて、入中から入中を測る。

9 棒隅木(真隅木)の下端に出す桁との取合い墨は、隅長玄勾配で出す。

10 柱建て四方転びの柱のくせは、柱の勾配が垂直に近くなるほど小さくなる。

11 軟材をかんなで削る場合、かんな刃は、硬材を削るかんなの仕込み勾配よりも急勾配にするとよい。

12 工程表を作成するときは、天候による作業不能を考慮する必要がある。

13 単管足場の筋かいの取り合い金具には、直交型クランプを使用してもよい。

14 遣方貫は、基礎天端と同じ高さに取り付ける。

［A群（真偽法）］

15 布基礎における捨てコンクリートの厚さは、一般に、底盤の厚さの一部とみなす。

16 大入れやり返しで、鴨居を柱に取り付けることはできない。

17 木工事の土台の継手には、一般に、腰掛けかま継ぎが適している。

18 排水トラップは、水の流れを良くするためのものである。

19 かんなで仕上げた木材を養生する場合、テープを化粧材に直接貼っても影響はない。

20 広葉樹材は、一般に、針葉樹材よりも軟らかい。

21 セメントには、水と反応して固まる性質がある。

22 湿気の多い1階の床下地に合板を使用する場合、普通合板1類、構造用合板特類又は1類を使用するとよい。

23 次図に示す屋根伏図は、半切妻である。

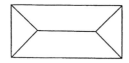

24 建築基準法関係法令によれば、木造住宅の1階の床高は、原則として、直下の地面から45cm以上としなければならない。

25 労働安全衛生法関係法令によれば、軒の高さが5m以上の木造建築物の建方作業を行うときは、強風、大雨、大雪等の悪天候のため、作業の実施について危険が予想されるときは作業を中止しなければならない。

［B群（多肢択一法）］

1 在来軸組構法の主要構造部でないものはどれか。
 イ 軸組
 ロ 小屋組
 ハ 床組
 ニ 枠組

2 継手と使用箇所の組合せとして、適切でないものはどれか。
  （継手）   （使用箇所）
 イ 台持ち継ぎ   ・・・ 和小屋のはり
 ロ そぎ継ぎ   ・・・ たる木
 ハ 腰掛けあり継ぎ ・・・ 母屋
 ニ 目違い継ぎ   ・・・ 桁

3 床の間の施工に関する記述として、誤っているものはどれか。
 イ 落し掛けの高さは、内法の高さ(鴨居の高さ)に揃える。
 ロ 床柱のたけのこ木目は、柱幅の3倍程度の高さがよい。
 ハ 床框を、床柱に取り付けるには、柱に欠き込んで取り付ける。
 ニ 床框と床板は、引きどっこで取り付ける。

4 次のうち、超高層建築物で最も多く使用されている構造はどれか。
 イ プレハブ構造
 ロ 鉄筋コンクリート構造
 ハ 鉄骨構造
 ニ 組積構造

5 力の3要素に当てはまらないものはどれか。
 イ 力の大きさ
 ロ 力の方向
 ハ 力の釣合い
 ニ 力の作用点

6 神社、仏閣に使用される構造部材の名称として、誤っているものはどれか。
 イ 大斗
 ロ 海老虹梁
 ハ かえる股
 ニ 筆返し

7　入隅木の峠の位置として、正しいものはどれか。
　　　イ　隅木側面で、たる木下端線と入中の交点である。
　　　ロ　隅木側面で、たる木下端線と本中の交点である。
　　　ハ　隅木側面で、たる木下端線と出中の交点である。
　　　ニ　隅木側面で、たる木下端線と中芯の交点である。

8　次図の基本図の図中にない名称は、次のうちどれか。

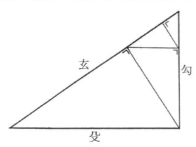

　　　イ　小殳
　　　ロ　中勾
　　　ハ　小中勾
　　　ニ　欠勾

9　棒隅木(真隅木)に取り合う広小舞の向留めのさしがね使いとして、正しいものはどれか。
　　　イ　隅中勾の返し勾配
　　　ロ　中勾の返し勾配
　　　ハ　長玄の返し勾配
　　　ニ　平勾配の返し勾配

［B群（多肢択一法）］

10　山勾配のある棒隅木(真隅木)上端における、たすき墨のさしがね使いとして、正しいものはどれか。

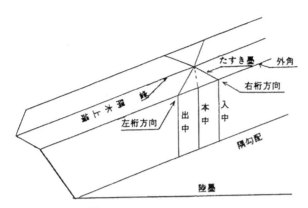

　　イ　長玄勾配と短勾配
　　ロ　隅長玄勾配と長玄勾配
　　ハ　長玄勾配と長玄の返し勾配
　　ニ　長玄勾配と平勾配

11　じょうご形四方転びにおける、胴付き墨のさしがね使いの組合せとして、正しいものはどれか。

　　　　　　　＜上端胴付き＞　　　　＜向こう胴付き＞
　　イ　長玄の返し勾配　　　　隅中勾の返し勾配
　　ロ　中勾の返し勾配　　　　長玄の返し勾配
　　ハ　短玄の返し勾配　　　　中勾の返し勾配
　　ニ　隅中勾の返し勾配　　　短玄の返し勾配

12　水平と鉛直の角度を測定する器工具として、正しいものはどれか。
　　イ　水盛りタンク
　　ロ　トルクレンチ
　　ハ　ランマー
　　ニ　トランシット

13　木造2階建て住宅の横架材の建方順序として、正しいものはどれか。
　　イ　土台　→　胴差し　　→　母屋　　　→　軒桁
　　ロ　土台　→　母屋　　　→　軒桁　　　→　棟木
　　ハ　土台　→　胴差し　　→　2階ばり　→　母屋
　　ニ　土台　→　小屋ばり　→　母屋　　　→　軒桁

14　次図の単管足場の名称として、誤っているものはどれか。
　　　イ　中さん
　　　ロ　建地
　　　ハ　布
　　　ニ　手すり

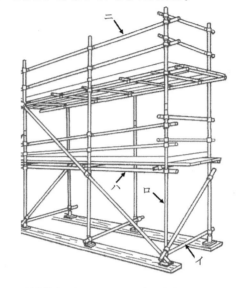

15　一般に使用されている墨付けにおいて、にじり印を表す記号として、正しいものはどれか。

　　　イ　　　　　　　ロ　　　　　　　ハ　　　　　　　ニ

16　基礎工事に関する記述として、誤っているものはどれか。
　　　イ　根入れ深さは、地面より240mm以上とし、かつ建設地域の凍結深度よりも深いもの、もしくは凍結を防止するための有効な措置を講ずるものとする。
　　　ロ　布基礎は、一体の鉄筋コンクリート造を標準とする。
　　　ハ　アンカーボルトのコンクリートへの埋め込み長さは、250mm以上とする。
　　　ニ　外周部の布基礎には、間隔6mごとに有効換気面積250cm²以上の床下換気孔を設ける。

17　木材の木表と木裏に関する記述として、適切でないものはどれか。
　　　イ　かんな削りする場合、木表は、末から元へ削る。
　　　ロ　木表は、材面の樹皮に近い側で、仕上面に光沢がある。
　　　ハ　敷居と鴨居は、一般に、木裏に溝をつける。
　　　ニ　床板には、一般に、木表を見え掛かりに使用する。

［B群（多肢択一法）］

18 間仕切りに使用される土台同士の仕口として、適切なものはどれか。
 イ　扇ほぞさし
 ロ　大入れあり掛け
 ハ　えり輪入れ小根ほぞさし
 ニ　短ほぞさし

19 軸組工法用の接合金物の用途に関する記述として、誤っているものはどれか。
 イ　ひねり金物は、柱と横架材の接合に使用される。
 ロ　ホールダウン金物は、柱と基礎(土台)の接合に使用される。
 ハ　羽子板ボルトは、通し柱と胴差の接合に使用される。
 ニ　火打金物は、床組及び小屋組の隅角部の補強に使用される。

20 塗装工事において、材料の節止め及びヤニ止めに使用するものとして、適切なものはどれか。
 イ　ラッカー
 ロ　シンナー
 ハ　ボイル油
 ニ　セラックニス

21 耐水性に最も優れた接着剤はどれか。
 イ　エポキシ樹脂系
 ロ　酢酸ビニル樹脂系
 ハ　ゴム系溶剤形
 ニ　ゴム系ラテックス形

22 建築材料に関する記述として、適切でないものはどれか。
 イ　インシュレーションボードは、床材として使用される。
 ロ　ALCパネルは、主に外壁材として使用される。
 ハ　せっこうボードは、壁や天井の下地材として使用される。
 ニ　硬質木片セメント板は、屋根野地板として使用される。

23 日本産業規格(JIS)の建築製図通則によれば、次図の材料構造表示記号の表示事項として、正しいものはどれか。
 イ　地盤
 ロ　普通ブロック壁
 ハ　軽量ブロック壁
 ニ　鉄骨

24 建築基準法関係法令における、筋かいに関する規定として、誤っているものはどれか。

  イ 筋かいは、その端部を、柱とはりその他の横架材との仕口に接近してボルト、かすがい、くぎ、その他の金物で緊結しなければならない。

  ロ 圧縮力を負担する筋かいは、厚さ3cm以上で幅9cm以上の木材を使用したものとしなければならない。

  ハ 引張り力を負担する筋かいは、厚さ1.3cm以上で幅9cm以上の木材を使用したものとしなければならない。

  ニ 筋かいをたすき掛けにするために必要な補強を行う場合を除き、筋かいに欠込みをしてはならない。

25 労働安全衛生法関係法令によれば、脚立の脚と水平面との角度として、正しいものはどれか。

  イ 80°以下

  ロ 75°以下

  ハ 70°以下

  ニ 60°以下

令和3年度 技能検定
1級 建築大工 学科試験問題
（大工工事作業）

1. 試験時間　　1時間 40 分
2. 問題数　　　50 題(A 群 25 題、B 群 25 題)
3. 注意事項
   （1）　係員の指示があるまで、この表紙はあけないでください。
   （2）　答案用紙(真偽法と多肢択一法の併用)に検定職種名、作業名、級別、受検番号、氏名を必ず記入してください。
   （3）　係員の指示に従って、問題数を確かめてください。それらに異常がある場合は、黙って手を挙げてください。問題は A 群(真偽法)と B 群(多肢択一法)とに分かれています。
   （4）　試験開始の合図で始めてください。
   （5）　解答の方法(真偽法と多肢択一法の併用)は次のとおりです。
   　　イ．　A 群の問題(真偽法)は、一つ一つの問題の内容が正しいか、誤っているかを判断して解答してください。
   　　ロ．　B 群の問題(多肢択一法)は、正解と思うものを一つだけ選んで、解答してください。二つ以上に解答した場合は誤答となります。
   　　ハ．　答案用紙(マークシート用紙)へ解答する際は、答案用紙に記載されている注意事項に従ってください。
   　　ニ．　答案用紙の解答欄は、A群の問題とB群の問題とでは異なります。所定の解答欄に、試験問題の題数に応じて解答してください。解答欄は A 群は 50 題まで、B 群は 25 題まで解答できるようになっています。
   （6）　電子式卓上計算機その他これと同等の機能を有するものは、使用してはいけません。
   （7）　携帯電話、スマートフォン、ウェアラブル端末等は、使用してはいけません。
   （8）　試験中、質問があるときは、黙って手を挙げてください。ただし、試験問題の内容、漢字の読み方等に関する質問にはお答えできません。
   （9）　試験終了時刻前に解答ができあがった場合は、黙って手を挙げて、係員の指示に従ってください。
   （10）　試験中に手洗いに立ちたいときは、黙って手を挙げて、係員の指示に従ってください。
   （11）　試験終了の合図があったら、筆記用具を置き、係員の指示に従ってください。

[A群（真偽法）]

1 和小屋組は、洋小屋組よりもスパンの大きい小屋組には適さない。

2 かわらぶき屋根の勾配は、金属板葺き屋根に比べて、一般に、はり間の大きい建築物ほど急な勾配にする。

3 2階建て木造建築物に生じる地震力は、1階よりも2階の方が大きい。

4 SRC造とは、鉄筋コンクリート造のことをいう。

5 下図において、AとBとの力の合力は、Rになる。

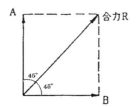

6 神明造は、妻入り形式である。

7 規矩術において、次の式は正しい。
$$ 玄 = \sqrt{(殳)^2 + (勾)^2} $$

8 下図の谷隅木上端に出すたすき墨で、入中と本中芯とを結んだ墨は、長玄の返し勾配である。

長玄の返し勾配

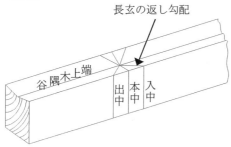

［A群（真偽法）］

9　下図の正角に墨をしたa−bの墨は、隅勾配である。

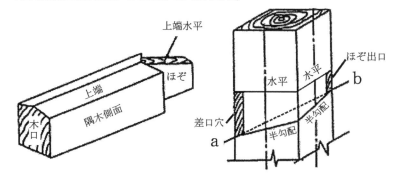

10　柱建て四方転びの柱の勾配は、平の返し勾配である。

11　角のみ盤で通し穴を掘る場合、一般に、材の片面から掘り、穴を貫通させるのがよい。

12　工程表を作成する場合に最も重要視されるのは、次のうち(イ)である。
　　（イ）実行予算　　（ロ）材料の搬入計画　　（ハ）各工事別の工事期間

13　建築基準法関係法令によれば、建築工事を行う際に仮囲いを設ける場合の高さは、地盤面から1.8m以上とされている。

14　レベルは、直角を出すために使用する。

15　基礎に埋設するアンカーボルトの位置は、土台継手の上木部分の端部に近い方がよい。

16　間柱と筋かいとの取合い部は、間柱を筋かいの厚さだけ欠き取るとよい。

17　通し柱と胴差しの取合いの仕口は、傾ぎ大入れ短ほぞ差し、羽子板ボルト締めとすることもある。

18　アスファルトルーフィングを野地面上に敷き込む場合は、上下(流れ方向)は100mm以上の重ね合わせにするとよい。

19　柱に取付けている養生紙は、建て方が終われば剥がしてもよい。

20　構造用集成材は、わん曲のはりを製作することができる。

21　下図の3方向のうち、最も収縮率が大きいのは、A方向である。

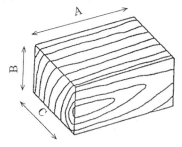

22　左官下地材に使用されるワイヤラスには、ひし形、甲形などがある。

23　下図の屋根伏図は、寄棟屋根を表している。

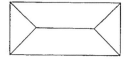

24　建築基準法関係法令によれば、住宅の居室の採光に有効な部分の面積は、原則として、その居室の床面積に対し、1/7以上としなければならないとされている。

25　労働安全衛生法関係法令によれば、高さ2m以上の作業床において、墜落により労働者に危険を及ぼすおそれがある箇所に設ける手すりの高さは、75cm以上とされている。

［B群（多肢択一法）］

1　日本建築のたる木の名称において、ます組に使われるたる木として、正しいものはどれか。
　　イ　飛えんだる木
　　ロ　地だる木
　　ハ　尾だる木
　　ニ　扇だる木

2　木造建築物の部材名称とそれを使用する場所との組合せとして、適切でないものはどれか。
　　　　（部材名称）　　　　（使用場所）
　　イ　筆返し　・・・・　違い棚
　　ロ　長押し　・・・・　和室
　　ハ　広小舞　・・・・　軒先
　　ニ　面戸板　・・・・　天井

3　木造建築物の構造に関する記述として、誤っているものはどれか。
　　イ　小屋束は、棟木、母屋を支える材料である。
　　ロ　間柱は、大壁用と真壁用では、一般に、大きさが違う。
　　ハ　管柱は、各階ごとに使用する柱である。
　　ニ　大壁造は、柱が表に表れる構造である。

4　鉄骨造に関する記述として、誤っているものはどれか。
　　イ　大スパンの構造に適している。
　　ロ　鉄筋コンクリート工事と比べると、耐火性に劣る。
　　ハ　一般に、W造と呼ばれる。
　　ニ　超高層建築物の建設に適している。

5　建築物に作用する荷重及び外力のうち、鉛直荷重でないものはどれか。
　　イ　風圧力
　　ロ　固定荷重
　　ハ　積載荷重
　　ニ　積雪荷重

6　神社や仏閣の屋根の軒先(化粧)に使用される材料として、適切でないものはどれか。
　　イ　木負
　　ロ　かや負
　　ハ　裏甲
　　ニ　野だる木

7 長玄を使用するさしがね使いとして、誤っているものはどれか。
    イ 棒隅木下端と鼻隠し取合い角度
    ロ 棒隅木上端に出る桁心墨の角度
    ハ 広小舞の上端留の角度
    ニ 配付けたる木の上端留の角度

8 出隅木の峠の位置として、正しいものはどれか。
    イ 隅木側面で、たる木下端線と中芯の交点である。
    ロ 隅木側面で、たる木下端線と出中の交点である。
    ハ 隅木側面で、たる木下端線と本中の交点である。
    ニ 隅木側面で、たる木下端線と入中の交点である。

9 振たる木に関する記述として、誤っているものはどれか。
    イ 振たる木の勾配は、平勾配よりもゆるくなる。
    ロ 振たる木の上端幅は、平勾配のたる木よりも広くなる。
    ハ 振たる木の成は、平たる木の成よりも小さくなる。
    ニ 振たる木と平たる木の立水寸法は、同じである。

10 隅木上端の馬乗墨(本中墨)のさしがね使いとして、正しいものはどれか。
    イ 長玄返し勾配
    ロ 中勾返し勾配
    ハ 短玄返し勾配
    ニ 短玄1/2返し勾配

11 棒隅木(真隅木)鼻に取り付く広小舞の上端の留め墨として、正しいものはどれか。
    イ 殳に対して、長玄(返し勾配)
    ロ 殳に対して、隅長玄(返し勾配)
    ハ 殳に対して、隅玄(返し勾配)
    ニ 殳に対して、短玄(返し勾配)

12 水平と鉛直の角度を測定する器具として、最も適切なものはどれか。
    イ 水盛りタンク
    ロ レベル
    ハ アリダート
    ニ トランシット

［B群（多肢択一法）］

13　在来木造住宅における施工順序として、適切なものはどれか。
　　イ　建方　→　外部左官工事　→　屋根工事　　　→　サッシ工事
　　ロ　建方　→　屋根工事　　　→　サッシ工事　　→　外部左官工事
　　ハ　建方　→　サッシ工事　　→　外部左官工事　→　屋根工事
　　ニ　建方　→　屋根工事　　　→　外部左官工事　→　サッシ工事

14　労働安全衛生法関係法令によれば、高さ2m以上で階段を設けない架設通路の勾配の
　　数値として、正しいものはどれか。
　　イ　30°以下
　　ロ　35°以下
　　ハ　40°以下
　　ニ　45°以下

15　水盛り、遣方の順序として、適切なものはどれか。
　　イ　水　杭　→　水盛り　→　水　貫
　　ロ　水　貫　→　水　杭　→　水盛り
　　ハ　水　杭　→　水　貫　→　水盛り
　　ニ　水盛り　→　水　貫　→　水　杭

16　基礎工事に関する記述として、誤っているものはどれか。
　　イ　アンカーボルトのコンクリートの埋込み長さは、200mm以上にする。
　　ロ　布基礎の厚さは、120mm以上にする。
　　ハ　床下換気、開口箇所は、斜め筋等にて補強する。
　　ニ　ホールダウンボルトは、設計図を確認し、指定箇所に入れる。

17　木工事に関する記述として、誤っているものはどれか。
　　イ　敷桁の継手位置は、柱上で追掛け大栓継ぎとする。
　　ロ　陸ばりは、敷桁へ渡りあご掛けとし、継手は添え板当てボルト締めとする。
　　ハ　たる木の継手位置は、母屋上で乱継ぎとし、くぎ打ちとする。
　　ニ　棟木と真束の仕口は、輪なぎほぞとする。

18　下図の面の名称として、正しいものはどれか。
　　イ　ぎんなん面
　　ロ　しゃくり面　　
　　ハ　丸面
　　ニ　さじ面

19 土台と柱の取合いとして、適切でないものはどれか。
　　イ　扇ほぞ差し
　　ロ　平ほぞ差し
　　ハ　大入れ蟻掛け
　　ニ　蟻落とし

20 建具と金具の組合せとして、適切でないものはどれか。
　　　　　　　建具　　　　　　　　金具
　　イ　上げ下げ窓　・・・　キャッチ
　　ロ　引違い窓　　・・・　クレセント
　　ハ　引き戸　　　・・・　ねじ締り
　　ニ　開き戸　　　・・・　戸当り付きラッチ

21 木材に関する記述として、正しいものはどれか。
　　イ　強度は、含水率が高いほど大きい。
　　ロ　圧縮強度は、繊維方向の方が、繊維に直角方向よりも大きい。
　　ハ　繊維と平行方向のせん断強度は、同方向の圧縮強度よりも大きい。
　　ニ　収縮率は、繊維方向の方が、繊維に直角方向よりも大きい。

22 建築用材料の使用箇所の組合せとして、誤っているものはどれか。
　　イ　ヒバ　・・・・　土台
　　ロ　スギ　・・・・　柱
　　ハ　ラワン　・・・　根太
　　ニ　アカマツ・・・　はり

23 日本産業規格(JIS)の建築製図通則によれば、木材及び木造壁における化粧材を表す
　　材料構造表示記号として、正しいものはどれか。

　　　　イ　　　　　　ロ　　　　　　ハ　　　　　　　ニ

［B群（多肢択一法）］

24　文中の(　　)内に当てはまる数値として、正しいものはどれか。
　　建築基準法関係法令によれば、最下階の居室の床が木造である場合の床の高さは、原則として、直下の地面からその床の上面まで(　　)cm以上とすることとされている。
　　　イ　30
　　　ロ　40
　　　ハ　45
　　　ニ　50

25　文中の(　　)内に当てはまる数値として、正しいものはどれか。
　　労働安全衛生法関係法令によれば、高さ2m以上の作業場所に設ける作業床は、一側足場及びつり足場の場合を除き、幅は、(　　)cm以上とすることとされている。
　　　イ　30
　　　ロ　35
　　　ハ　40
　　　ニ　45

令和2年度 技能検定
1級 建築大工 学科試験問題
（大工工事作業）

1. 試験時間　　1時間40分
2. 問題数　　　50題(A群25題、B群25題)
3. 注意事項
   （1）　係員の指示があるまで、この表紙はあけないでください。
   （2）　答案用紙(真偽法と多肢択一法の併用)に検定職種名、作業名、級別、受検番号、氏名を必ず記入してください。
   （3）　係員の指示に従って、問題数を確かめてください。それらに異常がある場合は、黙って手を挙げてください。問題はA群(真偽法)とB群(多肢択一法)とに分かれています。
   （4）　試験開始の合図で始めてください。
   （5）　解答の方法(真偽法と多肢択一法の併用)は次のとおりです。
   　　イ．　A群の問題(真偽法)は、一つ一つの問題の内容が正しいか、誤っているかを判断して解答してください。
   　　ロ．　B群の問題(多肢択一法)は、正解と思うものを一つだけ選んで、解答してください。二つ以上に解答した場合は誤答となります。
   　　ハ．　答案用紙(マークシート用紙)へ解答する際は、答案用紙に記載されている注意事項に従ってください。
   　　ニ．　答案用紙の解答欄は、A群の問題とB群の問題とでは異なります。所定の解答欄に、試験問題の題数に応じて解答してください。解答欄はA群は50題まで、B群は25題まで解答できるようになっています。
   （6）　電子式卓上計算機その他これと同等の機能を有するものは、使用してはいけません。
   （7）　携帯電話、スマートフォン、ウェアラブル端末等は、使用してはいけません。
   （8）　試験中、質問があるときは、黙って手を挙げてください。ただし、試験問題の内容、漢字の読み方等に関する質問にはお答えできません。
   （9）　試験終了時刻前に解答ができあがった場合は、黙って手を挙げて、係員の指示に従ってください。
   （10）　試験中に手洗いに立ちたいときは、黙って手を挙げて、係員の指示に従ってください。
   （11）　試験終了の合図があったら、筆記用具を置き、係員の指示に従ってください。

［A群（真偽法）］

1 木造建築物の大壁造は、柱が表に現われる構造である。

2 節がない木材をかんな削りする場合、一般に、木表は末口の方から、木裏は元口の方から削るとよい。

3 ひわだ葺きは、スギの皮を用いた屋根葺き工法の一種である。

4 SRC造とは、鉄骨鉄筋コンクリート造のことである。

5 片持ちばりとは、一般に、片側が柱や壁などに固定された突出しばりのことをいう。

6 古建築の様式には、和様建築、唐様建築及び天竺様建築がある。

7 長玄と中勾が同じ長さの場合、短玄も同じ長さになる。

8 入隅木(谷木)の長さを出すときは、入中から測る。

9 柱建て四方転びで柱のくせを取った場合、貫の上端胴付きは、長玄の勾配である。

10 出隅木の峠とは、たる木の下端墨と入中が交わった箇所のことである。

11 手押かんな盤で薄板や短材を削るときは、押さえ治具を使用する方がよい。

12 バーチャート工程表(横線式工程表)は、各専門工事相互の関係が明確である。

13 労働安全衛生法関係法令によれば、事業者は、勾配が15°を超える架設通路には、踏桟その他の滑止めを設けなければならない。

14 水盛り・遣方で使用する水杭の打込み間隔は、約1.8mである。

15 基礎に埋め込むアンカーボルトの形状は、L型よりもI型の方がよい。

16 はりや桁などの側面に取り合う火打ちばりは、傾ぎ大入れほぞさしとし、ボルト締めにするとよい。

17　下図は、大入れあり掛けの仕口である。

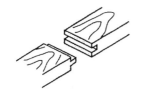

18　室内外の温度差が大きいほど、窓ガラスの結露が発生しやすい。

19　柱に養生紙を貼る目的は、傷を防ぐだけでなく、日焼け等も防ぐためである。

20　木材の圧縮強度は、繊維方向に対して直角に力を加えたときよりも、繊維方向に力を
　　加えたときの方が弱い。

21　硬質木片セメント板は、屋根野地板にも使用されている。

22　建築工事に使用するステンレス鋼は、鉄、クロム及びニッケルの合金で、一般に、さ
　　びにくい。

23　日本産業規格(JIS)の建築製図通則によれば、次は、割栗を表す材料構造表示記号で
　　ある。

24　建築基準法関係法令によれば、住宅に附属する門や塀は建築物ではない。

25　労働安全衛生法関係法令によれば、事業者は、墜落の危険のある高さ2m以上の作業
　　場所には、原則として、作業床を設けなければならない。

［B群（多肢択一法）］

1 在来軸組構法の主体構造部でないものはどれか。
　　イ　軸組
　　ロ　小屋組
　　ハ　床組
　　ニ　天井組

2 床の間の種類のうち、床框のある床はどれか。
　　イ　本床
　　ロ　踏込み床
　　ハ　織部床
　　ニ　蹴込み床

3 下図の木造建築物のひさしとその名称の組合せとして、正しいものはどれか。

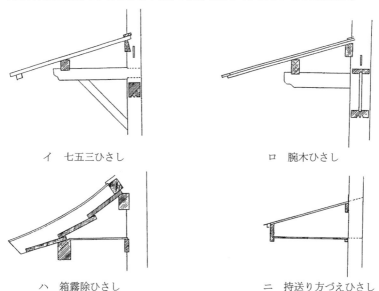

　　イ　七五三ひさし　　　　　　　　ロ　腕木ひさし

　　ハ　箱霧除ひさし　　　　　　　　ニ　持送り方づえひさし

4 組積造でないものはどれか。
　　イ　石造
　　ロ　コンクリートブロック造
　　ハ　れんが造
　　ニ　無筋コンクリート造

［B群（多肢択一法）］

5 下図の単純ばりにおける曲げモーメント図として、正しいものはどれか。

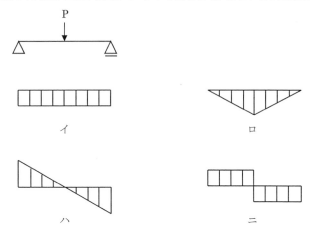

イ

ロ

ハ

ニ

6 伊勢神宮の建築様式はどれか。
　イ　大社造
　ロ　八幡造
　ハ　春日造
　ニ　神明造

7 下図において、示されていない勾配はどれか。
　イ　平勾配の半勾配
　ロ　欠勾勾配
　ハ　平勾配
　ニ　中勾勾配

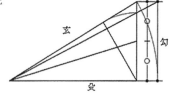

8 規矩術に関する用語とその意味の組合せとして、誤っているものはどれか。
　（用語）　　　　（意味）
　イ　規　・・・　角度を表す。
　ロ　矩　・・・　方形を表す。
　ハ　準　・・・　水平を表す。
　ニ　縄　・・・　垂直を表す。

［B群（多肢択一法）］

9　隅木側面に出すたる木下端線として、正しいものはどれか。
　　　イ　配付けたる木の成を、隅木上端外角から立水で出す。
　　　ロ　配付けたる木の成を、隅木上端外角から直角で出す。
　　　ハ　配付けたる木の立水寸法を、隅木上端外角から立水で出す。
　　　ニ　配付けたる木の立水寸法を、隅木上端外角から直角で出す。

10　棒隅木(真隅木)のさしがね使いに関する記述として、誤っているものはどれか。
　　　イ　隅木側面の直投墨は、殳と欠勾である。
　　　ロ　隅木側面の立水墨は、隅殳と勾である。
　　　ハ　配付けたる木の上端配付け墨は、殳と長玄である。
　　　ニ　配付けたる木の立水墨は、殳と勾である。

11　棒隅木(真隅木)の桁側面落掛かり勾配として、適切なものはどれか。
　　　イ　隅勾配
　　　ロ　平勾配
　　　ハ　半勾配
　　　ニ　長玄勾配

12　曲線挽きに使用する電動工具として、最も適切なものはどれか。
　　　イ　電動ジグソー
　　　ロ　電動ルータ
　　　ハ　電動チェーンソー
　　　ニ　電動丸鋸

13　木工事における作業順序の組合せとして、正しいものはどれか。
　　　イ　現寸矩計　→　刻み　　　→　墨付け　　→　土台据え
　　　ロ　土台据え　→　墨付け　　→　刻み　　　→　現寸矩計
　　　ハ　現寸矩計　→　墨付け　　→　刻み　　　→　土台据え
　　　ニ　墨付け　　→　刻み　　　→　現寸矩計　→　土台据え

14　次のうち、仮設工事でないものはどれか。
　　　イ　工事現場に仮囲いを設けた。
　　　ロ　工事現場に資材置場を設けた。
　　　ハ　工事現場の敷地境界にコンクリートブロック塀を設けた。
　　　ニ　工事現場に喫煙室を設けた。

15　一般に使用されている墨付けの合印の名称として、正しいものはどれか。

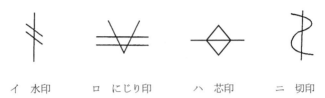

イ　水印　　　　ロ　にじり印　　　ハ　芯印　　　ニ　切印

16　基礎コンクリートの打込みに関する記述として、適切でないものはどれか。
　　イ　打込みに先立ち、型枠に散水しておくとよい。
　　ロ　棒形振動機(バイブレータ)を使用する場合は、鉄筋に直接当てるとよい。
　　ハ　日本産業規格(JIS)によれば、レディーミクストコンクリートは、練混ぜを開始してから、原則として、1.5時間以内に荷卸し地点に到着できるように運搬しなければならない。
　　ニ　高い位置から打ち込むとコンクリートが分離するため、なるべく低い位置から打ち込むとよい。

17　木造建築物の耐震及び耐風に関する構造計画として、誤っているものはどれか。
　　イ　屋根ふき材は、軽量で下地に緊結できるものがよい。
　　ロ　2階建ての建築物においては、1階よりも2階に耐力壁を多く配置する方がよい。
　　ハ　2階建ての建築物においては、間仕切壁を階上と階下で同じ位置に造る方がよい。
　　ニ　壁は、真壁造よりも大壁造の方が耐震性のある構造にしやすい。

18　継手とその使用箇所の組合せとして、適切でないものはどれか。
　　　　　（継手）　　　　　（使用箇所）
　　イ　台持ち継ぎ　　・・・　土台
　　ロ　腰掛けあり継ぎ　・・・　母屋
　　ハ　追掛け大栓継ぎ　・・・　胴差
　　ニ　腰掛けかま継ぎ　・・・　桁

［B群（多肢択一法）］

19　次の仕口のうち、小根ほぞはどれか。

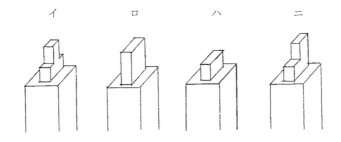

　　　　　イ　　　　　　ロ　　　　　　ハ　　　　　　ニ

20　建具と鍵の組合せとして、正しいものはどれか。
　　　　　（建具）　　　　　　　（鍵）
　　　イ　開き戸　　　・・・　ねじ締り錠
　　　ロ　引き戸　　　・・・　キャッチ錠
　　　ハ　上げ下げ窓　・・・　戸当り付きラッチ錠
　　　ニ　サッシ　　　・・・　クレセント

21　木材の用途に関する記述として、適切でないものはどれか。
　　　イ　ヒバ材は、耐水性や耐久性に優れているので、土台に適している。
　　　ロ　松材は、はりに適している。
　　　ハ　杉材は、まっすぐで長い材が得られるので、基礎杭に最も多く使用される。
　　　ニ　タモ材は、堅く美しい木目をしているので、造作材や装飾材等に適している。

22　合板に関する記述として、適切でないものはどれか。
　　　イ　コンクリート型枠用合板の規格は、日本農林規格(JAS)により規定されている。
　　　ロ　普通合板は、木構造における耐力壁面材として使用できる。
　　　ハ　合板は、3枚以上の単板を、主として、その繊維方向を互いにほぼ直角にして接着したものである。
　　　ニ　合板は、木材のもつ方向による性質の違いを少なくした材料である。

23　日本産業規格(JIS)の建築製図通則によれば、木材及び木造壁の補助構造材を表す材料構造表示記号として、正しいものはどれか。

　　　　　イ　　　　　　ロ　　　　　　ハ　　　　　　ニ

［B群（多肢択一法）］

24　文中の(　　)内に当てはまる数値として、正しいものはどれか。
　　建築基準法関係法令によれば、居室の天井の高さは、(　　)m以上でなければならないとされている。
　　　　イ　2.7
　　　　ロ　2.4
　　　　ハ　2.1
　　　　ニ　1.8

25　文中の(　　)内に当てはまる数値として、正しいものはどれか。
　　労働安全衛生法関係法令によれば、脚立の脚と水平面との角度は、(　　)°以下とするとされている。
　　　　イ　80
　　　　ロ　75
　　　　ハ　70
　　　　ニ　60

建築大工

正解表

令和4年度　2級　学科試験正解表
建築大工（大工工事作業）

真偽法

番号	1	2	3	4	5
正解	○	○	○	X	X

番号	6	7	8	9	10
正解	○	○	○	X	X

番号	11	12	13	14	15
正解	X	○	X	○	X

番号	16	17	18	19	20
正解	○	○	○	X	○

番号	21	22	23	24	25
正解	X	○	X	○	○

択一法

番号	1	2	3	4	5
正解	ニ	ロ	イ	ロ	イ

番号	6	7	8	9	10
正解	ハ	ニ	ニ	ハ	ハ

番号	11	12	13	14	15
正解	ハ	ニ	ニ	ハ	ロ

番号	16	17	18	19	20
正解	ロ	ニ	ハ	ハ	ハ

番号	21	22	23	24	25
正解	ニ	ハ	ハ	ハ	ハ

令和3年度　2級　学科試験正解表
建築大工（大工工事作業）

真偽法

番号	1	2	3	4	5
正解	○	○	X	○	○

番号	6	7	8	9	10
正解	X	X	○	○	X

番号	11	12	13	14	15
正解	X	○	X	X	○

番号	16	17	18	19	20
正解	○	○	○	○	○

番号	21	22	23	24	25
正解	○	X	X	○	○

択一法

番号	1	2	3	4	5
正解	ロ	イ	ニ	ロ	イ

番号	6	7	8	9	10
正解	ニ	イ	イ	ハ	ハ

番号	11	12	13	14	15
正解	ハ	ハ	ニ	ニ	イ

番号	16	17	18	19	20
正解	ロ	ハ	ロ	ニ	イ

番号	21	22	23	24	25
正解	イ	ハ	ハ	イ	イ

令和２年度　２級　学科試験正解表
建築大工（大工工事作業）

真偽法

番号	1	2	3	4	5
正解	X	O	O	O	O

番号	6	7	8	9	10
正解	X	X	O	X	X

番号	11	12	13	14	15
正解	X	O	X	X	X

番号	16	17	18	19	20
正解	O	O	X	X	X

番号	21	22	23	24	25
正解	O	X	X	O	O

択一法

番号	1	2	3	4	5
正解	ニ	ロ	ニ	ロ	ハ

番号	6	7	8	9	10
正解	ニ	ニ	ニ	イ	イ

番号	11	12	13	14	15
正解	イ	ハ	イ	イ	ロ

番号	16	17	18	19	20
正解	ロ	ニ	ハ	ニ	ハ

番号	21	22	23	24	25
正解	ハ	イ	イ	イ	ロ

令和4年度　1級　学科試験正解表
建築大工（大工工事作業）

真偽法

番号	1	2	3	4	5
正解	○	×	○	×	×

番号	6	7	8	9	10
正解	○	○	○	○	○

番号	11	12	13	14	15
正解	×	○	×	×	×

番号	16	17	18	19	20
正解	×	○	×	×	×

番号	21	22	23	24	25
正解	○	○	×	○	×

択一法

番号	1	2	3	4	5
正解	ニ	ニ	イ	ハ	ハ

番号	6	7	8	9	10
正解	ニ	ハ	ニ	ロ	ハ

番号	11	12	13	14	15
正解	ハ	ニ	ハ	イ	ニ

番号	16	17	18	19	20
正解	ニ	ハ	ロ	イ	ニ

番号	21	22	23	24	25
正解	イ	イ	ロ	ハ	ロ

令和3年度　1級　学科試験正解表
建築大工（大工工事作業）

真偽法

番号	1	2	3	4	5
正解	○	○	×	×	×

番号	6	7	8	9	10
正解	×	○	×	○	×

番号	11	12	13	14	15
正解	×	×	○	×	○

番号	16	17	18	19	20
正解	○	○	○	×	○

番号	21	22	23	24	25
正解	×	○	○	○	×

択一法

番号	1	2	3	4	5
正解	ハ	ニ	ニ	ハ	イ

番号	6	7	8	9	10
正解	ニ	イ	ニ	ハ	ニ

番号	11	12	13	14	15
正解	イ	ニ	ロ	イ	イ

番号	16	17	18	19	20
正解	イ	イ	イ	ハ	イ

番号	21	22	23	24	25
正解	ロ	ハ	イ	ハ	ハ

令和2年度　1級　学科試験正解表
建築大工（大工工事作業）

真偽法

番号	1	2	3	4	5
正解	X	O	X	O	O

番号	6	7	8	9	10
正解	O	O	X	X	O

番号	11	12	13	14	15
正解	O	X	O	O	X

番号	16	17	18	19	20
正解	O	X	O	O	X

番号	21	22	23	24	25
正解	O	O	X	X	O

択一法

番号	1	2	3	4	5
正解	ニ	イ	ロ	ニ	ロ

番号	6	7	8	9	10
正解	ニ	ロ	イ	ハ	イ

番号	11	12	13	14	15
正解	ハ	イ	ハ	ハ	ロ

番号	16	17	18	19	20
正解	ロ	ロ	イ	ニ	ニ

番号	21	22	23	24	25
正解	ハ	ロ	ロ	ハ	ロ

・本書掲載の試験問題及び解答の内容についてのお問い合わせには、応じられませんのでご了承ください。
・その他についてのお問い合わせは、電話ではお受けしておりません。お問い合わせの場合は、内容、住所、氏名、電話番号、メールアドレス等を明記のうえ、郵送、FAX、メール又は Web フォームにてお送りください。
・試験問題について、都合により一部、編集しているものがあります。

令和2・3・4年度

1・2級 技能検定　試験問題集　86　建築大工

令和5年7月　初版発行

監　修　中央職業能力開発協会

発　行　一般社団法人 雇用問題研究会

〒103-0002　東京都中央区日本橋馬喰町1-14-5 日本橋Kビル2階
TEL　03-5651-7071（代）　FAX　03-5651-7077
URL　https://www.koyoerc.or.jp

印　刷　株式会社ワイズ

223086

ISBN978-4-87563-685-4 C3000